1001 MOST USEFUL SPANISH

SPANISH

Seymour Resnick

DOVER PUBLICATIONS, INC.
Mineola, New York

Bibliographical Note

1001 Most Useful Spanish Words is a new work, first published by Dover Publications, Inc., in 1996. The section "Vocabulary Tips" is reprinted from the author's 1959 Dover book *Essential Spanish Grammar*.

International Standard Book Number: 0-486-29113-8

Manufactured in the United States of America
Dover Publications, Inc., 31 East 2nd Street, Mineola, NY 11501

Preface

This book contains more than 1000 of the most useful words in the Spanish language. They are presented in alphabetical order with simple illustrative sentences of practical value, followed by an English translation. A few examples:

agua f. water Es una buena idea beber agua embotellada. *It's a good idea to drink bottled water.*
almuerzo m. lunch En España sirven el almuerzo a eso de las dos. *In Spain they serve lunch at about two o'clock.*
algodón cotton Prefiero una blusa de algodón. *I prefer a cotton blouse.*

The m. or f. following each noun indicates that that noun is masculine or feminine, respectively. The abbreviation pl. stands for plural.

We suggest going through the alphabetical (or, dictionary) section quickly, checking off words that are of special interest to you. Carry this little book with you and when you see or hear a new word, look it up.

After the alphabetical list of words, you will find ten categories of words: family, days, months, seasons, numbers, colors, food, stores, professions and animals. You may wish to look through these groupings as a start. The vocabulary contained in them is essential, and is not repeated in the alphabetical section. Before going out to eat, we would advise checking through the food category, noting items that you may wish to order or that you want to avoid.

There is also a page of Vocabulary Tips showing how you can easily recognize many hundreds of Spanish/English cognates. You may want to spend a few minutes with this section at the outset.

Many persons find that a little grammar can be of great help to them. You may wish to consult *Essential Spanish Grammar*, also published by Dover Publications (0-486-20780-3).

¡Buena suerte! Good luck!

Contents

Alphabetical (Dictionary) Section

a   to, at   Vamos a Granada mañana.   *We're going to Granada tomorrow.*

abajo   down, downstairs, below   Te espero abajo.   *I'll wait for you downstairs.*

abanico m.   fan   Las damas usan abanicos cuando hace calor.   *Ladies use fans when it's hot.*

abierto   open   El banco queda abierto desde las ocho hasta las dos.   *The bank stays open from eight until two.*

abrazar   to embrace   Abrazó a sus parientes antes de salir.   *He embraced his relatives before he left.*

abrazo m.   embrace, hug   Abrazos para los niños de todos nosotros.   *Hugs for the children from all of us.*

abrigo m.   overcoat   Siempre llevo un abrigo cuando hace frío.   *I always wear an overcoat when it's cold.*

abrir   to open   "Abra la boca," dijo el dentista.   *"Open your mouth," said the dentist.*

acá   here   Venga acá, rápido.   *Come here quickly.*

acabar   to finish   Nuestro trabajo nunca acaba.   *Our work never ends.*

acción f.   action   Sus acciones me confunden.   *His actions confuse me.*

aceptar   to accept   ¿Aceptan ustedes cheques de viajero?   *Do you accept traveler's checks?*

acerca de   about   Busco un libro acerca de la España medieval.   *I'm looking for a book about medieval Spain.*

acercarse   to approach   Acérquense y podrán ver mejor.   *Come closer and you'll be able to see better.*

acompañar   to accompany, go with   ¿Me permiten acompañarlos?   *Will you allow me to go with you?*

aconsejar   to advise   ¿Qué me aconsejan hacer?   *What do you advise me to do?*

acordarse   to remember   ¿Se acuerdan ustedes de nosotros?   *Do you remember us?*

acostarse   to go to bed   Siempre nos acostamos tarde cuando visitamos un país extranjero.   *We always go to bed late when we visit a foreign country.*

actual present, current El gobierno actual tiene muchos problemas. *The present government has many problems.*

acuerdo m. agreement Estamos de acuerdo con usted. *We agree with you.*

adelante ahead, forward De hoy en adelante, traten de llegar a tiempo. *From now on, try to arrive on time.*

además moreover, besides No tengo tiempo para eso, y además no tengo dinero. *I have no time for that, and moreover I don't have any money.*

adentro inside Quiero ver lo que hay adentro. *I want to see what there is inside.*

adiós goodbye Adiós y buena suerte. *Goodbye and good luck.*

adónde where ¿Adónde van ustedes esta tarde? *Where are you going this afternoon?*

aduana f. customs house Hay que pasar por la aduana al llegar. *It's necessary to go through customs on arriving.*

aeropuerto m. airport Hay muchas líneas aéreas en este aeropuerto. *There are many airlines in this airport.*

afeitar(se) to shave Me afeito todas las mañanas. *I shave every morning.*

afuera outside Mire qué pasa afuera. *See what's going on outside.*

agente m. agent Un agente de viajes le arreglará una excursión a Andalucía. *A travel agent will arrange an excursion to Andalusia for you.*

agradable pleasant Nuestra visita ha sido muy agradable. *Our visit has been very pleasant.*

agradecer to thank Le agradezco mucho su amabilidad. *I thank you very much for your kindness.*

agua f. water Es una buena idea beber agua embotellada. *It's a good idea to drink bottled water.*

aguantar to stand (bear) No puedo aguantar el ruido de la calle. *I can't stand the noise from the street.*

aguja f. needle Siempre traigo una aguja en caso de emergencia. *I always carry a needle in case of an emergency.*

ahora now Estoy ocupado ahora y no puedo salir. *I am busy now and can't go out.*

aire m. air Abra la ventana y tendrá aire fresco. *Open the window and you'll have fresh air.*

al + infinitive on, upon Al ver lo que pasaba, decidimos salir. *Upon seeing what was happening, we decided to leave.*

alcalde m. mayor La oficina del alcalde está en el ayuntamiento. *The mayor's office is in the city hall.*

alcoba f. bedroom Buscamos un apartamiento con dos alcobas. *We're looking for an apartment with two bedrooms.*

aldea f.   village   Sugiero que visiten algunas aldeas en las montañas.   *I suggest that you visit some villages in the mountains.*

alegrarse   to be glad   Me alegro de verlos otra vez.   *I'm glad to see you again.*

alegre   glad, happy   Parece que está usted muy alegre hoy.   *It seems that you are very happy today.*

algo   something, anything   ¿Tiene usted algo que declarar?   *Do you have something to declare?*

algodón m.   cotton   Prefiero una blusa de algodón.   *I prefer a cotton blouse.*

alguien   someone, somebody   Creo que alguien llama a la puerta.   *I think someone is knocking at the door.*

alguno   some, any   Algunos de ustedes ya me conocen.   *Some of you already know me.*

almacén m.   department store   Se puede comprar casi todo en los almacenes grandes.   *You can buy almost everything in the big department stores.*

almohada f.   pillow   ¿Me pueden subir otra almohada, por favor?   *Would you please bring up another pillow?*

almorzar   to eat lunch   Trato de almorzar con la familia si puedo.   *I try to eat lunch with my family if I can.*

almuerzo m.   lunch   En España sirven el almuerzo a eso de las dos.   *In Spain they serve lunch at about two o'clock.*

alquilar   to rent   ¿Dónde puedo alquilar un coche?   *Where can I rent a car?*

alto   tall, high; stop   Hay muchos edificios altos en el centro.   *There are many tall buildings downtown.*

alumno (-a)   Student, pupil   Lleva un grupo de alumnos a España cada verano.   *He takes a group of students to Spain every summer.*

allí   there   No me gustaría vivir allí.   *I wouldn't like to live there.*

amable   likeable, kind   Es usted muy amable.   *You're very kind.*

amar   to love   La amo tanto que no puedo separarme de ella.   *I love her so much that I can't leave her.*

amigo (-a)   friend   Quiero presentar algunos amigos míos.   *I'd like to introduce some friends of mine.*

amistad f.   friendship   Nuestra amistad va a durar mucho tiempo.   *Our friendship will last a long time.*

ambos   both   Vale la pena de visitar ambos lugares.   *It's worthwhile to visit both places.*

amor m.   love   Por tu amor, haría cualquier cosa.   *For your love, I would do anything.*

ancho   wide   Las avenidas principales son muy anchas.   *The main streets are very wide.*

andar to walk Los viejos andan despacio. *Old people walk slowly.*

andén m. platform ¿En qué andén llega el tren de Barcelona? *On which platform does the train from Barcelona arrive?*

anillo m. ring Su novio le dio un anillo muy grande. *Her fiancé gave her a very big ring.*

anoche last night Anoche llegué tarde. *Last night I arrived late.*

anteojos m. pl. eyeglasses Usa anteojos para leer. *He wears eyeglasses to read.*

antes de before Antes de ir a Francia decidimos estudiar francés. *Before going to France we decided to study French.*

anuncio m. announcement, advertisement Lea la sección de anuncios si busca empleo. *Read the advertisement section if you're looking for a job.*

añadir to add No puedo añadir nada más. *I can't add anything else.*

año m. year Esperamos volver el año que viene. *We hope to return next year.*

apagar to turn off, extinguish Apague la luz al salir del cuarto. *Turn off the light on leaving the room.*

aparato m. appliance Hay muchos aparatos útiles en la ferretería. *There are many useful appliances in the hardware store.*

aparecer to appear De repente apareció después de tres años de ausencia. *He suddenly appeared after a three-year absence.*

apellido m. surname ¿Cuál es su apellido? *What is your surname?*

aprender to learn Aprendemos mucho en nuestros viajes al extranjero. *We learn a lot in our trips abroad.*

apresurarse to hurry Ya es tarde. ¡Apresúrense! *It's late already. Hurry up!*

aprovechar to take advantage of Quiero aprovechar la oportunidad de hablar con el gobernador. *I want to take advantage of the opportunity to speak to the governor.*

aquel m. (**aquella** f.; **aquellos** m. pl.; **aquellas** f. pl.) that, those Me acuerdo de aquellos tiempos. *I remember those times.*

aquí here Aquí se habla español. *Spanish is spoken here.*

árbol m. tree Su casa está rodeada de árboles. *His house is surrounded by trees.*

arena f. sand "Sangre y arena" es el título de una novela de Blasco Ibáñez. *"Blood and Sand" is the title of a novel by Blasco Ibáñez.*

arete m. earring Tienen una buena selección de aretes en esta joyería. *They have a good choice of earrings in this jewelry store.*

armario m. closet Esta habitación tiene dos armarios para la ropa. *This room has two closets for clothing.*

arreglar to fix, repair, arrange ¿Está todo arreglado para mañana? *Is everything arranged for tomorrow?*

arriba up, above   Las alcobas están arriba.   *The bedrooms are upstairs.*

arrojar to throw   Se prohibe arrojar objetos por la ventanilla.   *It is forbidden to throw things out of the window.*

arte m., f. art   Este museo tiene una magnífica colección de arte moderno.   *This museum has a magnificent collection of modern art.*   ¿Dónde está el Palacio de Bellas Artes?   *Where is the Palace of Fine Arts?*

artículo m. article   Este artículo no tiene ningún valor.   *This article is of no value.*

artista m. & f. artist   Estos artistas van a ser famosos algún día.   *These artists are going to be famous some day.*

asado roasted   Me gustan las castañas asadas.   *I like roasted chestnuts.*

ascensor m. elevator   El ascensor no funciona hoy.   *The elevator is out of order today.*

asegurar to insure   Quisiera asegurar mi equipaje.   *I'd like to insure my luggage.*

aseos m. pl. (Spain) restroom, toilet   Los aseos están a la izquierda.   *The restrooms are to the left.*

así thus, this way   Usted debe hacerlo así.   *You should do it this way.*

asiento m. seat   Tomen asiento, por favor.   *Please be seated.*

asistir a to attend   Queremos asistir al concierto de esta noche.   *We want to attend tonight's concert.*

asunto m. matter, affair   Es un asunto muy delicado.   *It's a very delicate matter.*

atrás back, behind, backward   Se quedó atrás porque caminaba muy despacio.   *She remained behind because she was walking very slowly.*

atrasado slow   Mi reloj debe estar atrasado.   *My watch must be slow.*

atravesar to cross   Espere la señal verde antes de empezar a atravesar.   *Wait for the green signal before starting to cross.*

atreverse to dare   No me atrevo a decirle tal cosa.   *I don't dare tell him such a thing.*

aunque although   Aunque no tenemos mucho dinero, quiero comprar esta pintura.   *Although we don't have much money, I want to buy this painting.*

autobús m. bus   El autobús para en la próxima esquina.   *The bus stops at the next corner.*

automóvil m. automobile, car   Si quiere, le puedo llevar en mi autómovil.   *If you wish, I can take you in my automobile.*

autoridad f. authority   No se sabe quién tiene la autoridad en este asunto.   *It is not known who has the authority in this matter.*

avenida f. avenue   La Quinta Avenida es una calle elegante.   *Fifth Avenue is an elegant street.*

averiguar   to ascertain, find out   Trate de averiguar si es verdad todo lo que dijo.   *Try to find out if everything he said is true.*

avión m.   airplane   ¿A qué hora debe llegar el avión de Guadalajara?   *At what time should the plane from Guadalajara arrive?*

avisar   to inform, warn   Haga el favor de avisarme cuando debo bajar.   *Please let me know when I should get off.*

aviso m.   notice, warning   Leí el aviso en el periódico.   *I read the notice in the paper.*

ayer   yesterday   Ayer hicimos mucho y estamos cansados hoy.   *We did a lot yesterday and are tired today.*

ayudar   to help   ¿Puede usted ayudarme?   *Can you help me?*

ayuntamiento m.   city hall, town hall   En el ayuntamiento hay muchas oficinas del gobierno municipal.   *Many offices of the municipal government are in the town hall.*

bailar   to dance   ¿Me permite bailar con usted?   *May I dance with you?*

baile m.   dance   Mi baile favorito es el tango.   *My favorite dance is the tango.*

bajar   to go down, get off   Creo que bajamos en la próxima parada.   *I think we get off at the next stop.*

bajo   low, short (stature)   Es más bajo que su padre.   *He's shorter than his father.*

banco m.   bank, bench   Vamos al banco para cobrar estos cheques.   *Let's go to the bank to cash these checks.*

bandera f.   flag   Los colores de la bandera americana son rojo, blanco y azul.   *The colors of the American flag are red, white and blue.*

bañar(se)   to bathe   Prefiero bañarme por la mañana.   *I prefer to bathe in the morning.*

baño m.   bath, bathroom   Una habitación para dos con baño, por favor.   *A room for two with bath, please.*

barato   cheap, inexpensive   Cómprelo; es muy barato.   *Buy it; it's very cheap.*

barba f.   chin, beard   Aunque es joven, tiene la barba gris.   *Although he's young, he has a gray beard.*

barco m.   boat, ship   Me gusta cruzar el lago en barco de vela.   *I like to go across the lake in a sailboat.*

barrio m.   district, neighborhood   Mucha gente rica vive en este barrio.   *Many rich people live in this neighborhood.*

bastante   enough, sufficient   No sé si tengo bastante dinero.   *I don't know if I have enough money.*

bastar   to suffice, be enough   Ya basta. No quiero más.   *That's enough. I don't want any more.*

baúl m. trunk Creo que el baúl es demasiado pesado. *I think the trunk is too heavy.*

beber to drink Es peligroso beber y conducir. *It's dangerous to drink and drive.*

bebida f. drink, beverage ¿Qué bebidas frías tiene? *What cold drinks do you have?*

bello beautiful Madrid es una de las capitales más bellas de Europa. *Madrid is one of the most beautiful capitals in Europe.*

besar to kiss Los novios se besaron cuando terminó la ceremonia. *The bride and groom kissed when the ceremony ended.*

beso m. kiss Como no puedo estar contigo, te mando un beso. *Since I can't be with you, I send you a kiss.*

biblioteca f. library Se puede aprender tanto en la biblioteca como en la escuela. *You can learn as much in the library as in school.*

bien well Usted habla español muy bien. *You speak Spanish very well.*

bienvenido welcome ¡Bienvenido a nuestra casa! *Welcome to our house!*

billete m. ticket, bill (bank note) ¿Cuánto cuesta un billete a Segovia? *How much is a ticket to Segovia?*

blusa f. blouse Tenemos blusas de algodón o de seda. *We have blouses of cotton or silk.*

boca f. mouth No abrió la boca para protestar. *He didn't open his mouth to protest.*

boda f. wedding Se celebró la boda en el hotel Ritz. *The wedding took place in the Ritz Hotel.*

boleto m. (Spanish America) ticket Un boleto sencillo, por favor. *A one-way ticket, please.*

bolsa f. bag, purse Se le perdió la bolsa. *She lost her purse.*

bolsillo m. pocket Andaba con las manos en los bolsillos. *He was walking with his hands in his pockets.*

bonito pretty ¡Qué bonita estás hoy! *How pretty you look today!*

borracho drunk; drunkard Si sigues bebiendo así, estarás borracho muy pronto. *If you keep on drinking like that, you'll be drunk very soon.*

bosque m. forest, woods Cuidado con el fuego en el bosque. *Be careful with fire in the woods.*

botar (Spanish America) to throw out, discard No bote esos papeles todavía. *Don't throw those papers out yet.*

botella f. bottle Se me rompió la botella. *My bottle broke.*

brazo m. arm Se lastimó el brazo levantando tanto peso. *He hurt his arm lifting so much weight.*

breve brief Dígame, en breve, qué pasó. *Tell me, briefly, what happened.*

broma f. joke, jest Lo dijo en broma. *He said it as a joke.*

buen, bueno good Buenos días. Hace buen tiempo hoy. *Good morning. We have good weather today.*

bulto m. package, bundle Salió llevando un bulto de ropa. *He went out carrying a bundle of clothing.*

buque m. ship, boat Es muy agradable cruzar el océano en buque. *It is very pleasant to cross the ocean by ship.*

buscar to look for Lo buscaron en todas partes pero no lo encontraron. *They looked for him everywhere but didn't find him.*

caballero m. gentleman, sir Es un verdadero caballero. *He's a real gentleman.*

caber to fit in, to be room for Caben ocho personas en este ascensor. *There's room for eight people in this elevator.*

cabeza f. head Me duele la cabeza. *My head aches.*

cada each Cada uno hace lo que quiere. *Each one does what he wishes.*

caer to fall Se acercó y cayó de rodillas. *He approached and fell on his knees.*

cafetería f. bar with food service Las cafeterías están llenas hacia las siete de la tarde. *The "bars" are full at about seven* P.M.

caja f. box, cash register Pague en la caja, por favor. *Pay at the register, please.*

cajero (-a) cashier La cajera le dará el descuento. *The cashier will give you the discount.*

calcetín m. sock ¿Dónde puedo comprar un par de calcetines? *Where can I buy a pair of socks?*

calentura f. fever Tienes una calentura y no debes salir. *You have a fever and should not go out.*

caliente warm, hot ¡Ay, el café está muy caliente! *Ow, the coffee is very hot!*

calor m. heat, warmth En el verano hace mucho calor en el sur de España. *In the summer it's very hot in southern Spain.*

calle f. street Nuestro hotel está en la próxima calle. *Our hotel is on the next street.*

cama f. bed Una habitación con dos camas. *A room with two beds.*

cámara f. camera Podrás sacar muchas fotos con tu nueva cámara. *You'll be able to take many pictures with your new camera.*

camarera f. chambermaid, waitress Si necesita algo, pídaselo a la camarera. *If you need anything, ask the chambermaid.*

camarero m. waiter Camarero, la cuenta, por favor. *Waiter, the check, please.*

cambiar to change, exchange Quisiera cambiar esta camisa que compré ayer. *I would like to exchange this shirt that I bought yesterday.*

cambio m.   change, exchange   Perdone, pero no tengo cambio.   *Forgive me, but I have no change.*

caminar   to walk   Es bueno para la salud caminar todos los días.   *It's good for your health to walk every day.*

camino m.   road   Este camino es muy largo.   *This road is very long.*

camión m.   truck; bus (Mexico)   Algunos camiones son grandísimos.   *Some trucks are very big.*

camisa f.   shirt   En el verano llevo camisas de mangas cortas.   *In the summer I wear short-sleeved shirts.*

camiseta f.   T-shirt, undershirt   Muchos jóvenes usan camiseta en vez de camisa.   *Many young men wear T-shirts instead of shirts.*

campana f.   bell   Podemos oír la campana de la iglesia todas las mañanas.   *We can hear the church bell every morning.*

campo m.   country, field   Pasamos los fines de semana en nuestra casa de campo.   *We spend the weekends in our country house.*

canción f.   song   Las canciones de amor me emocionan.   *Love songs move me.*

cansado   tired   Después de cuatro horas en el museo estamos cansados.   *After four hours in the museum we're tired.*

cantar   to sing   Como es tu cumpleaños, vamos a cantarte una canción.   *As it's your birthday, we're going to sing you a song.*

capital f.   capital (city)   Madrid es la capital de España.   *Madrid is the capital of Spain.*

capital m.   capital (money)   Invirtió todo su capital en ese negocio.   *He invested all his capital in that business.*

cara f.   face   Tiene una cara muy bonita.   *She has a very pretty face.*

¡caramba!   gosh!, good heavens!, darn it!   ¡Caramba! Estamos perdidos.   *Darn it! We're lost.*

cárcel f.   jail   Dice que es inocente, pero le metieron en la cárcel.   *He says he's innocent, but they put him in jail.*

cariño m.   affection, love   Muchos cariños para los niños.   *Much love to the children.*

cariñoso   affectionate   Siempre ha sido muy cariñoso con sus cuñados.   *He's always been very affectionate with his in-laws.*

caro   expensive   Todo es muy caro en esta tienda.   *Everything is very expensive in this store.*

carro m.   car (Spanish America)   Vamos en tu carro.   *Let's go in your car.*

carta f.   letter, playing card   ¿Dónde puedo echar estas cartas?   *Where can I mail these letters?*

cartera f.   wallet, purse   Creo que se me perdió la cartera.   *I think I lost my wallet.*

carretera f. highway Las nuevas carreteras son magníficas. *The new highways are magnificent.*

casa f. house, home Nuestra casa es su casa. *Our house is your house.*

casado married Su hija mayor no está casada todavía. *Their oldest daughter isn't married yet.*

casarse to get married Se casó con una muchacha mucho más joven que él. *He married a girl much younger than he.*

casi almost Casi todos llegaron a tiempo. *Almost everyone arrived on time.*

caso m. case, matter, thing Es un caso muy curioso. *It's a very strange case.*

castillo m. castle Vale la pena visitar los antiguos castillos. *It's worthwhile visiting the old castles.*

casualidad f. chance, coincidence Por casualidad, ¿conoce usted al profesor López? *Do you know Professor López, by any chance?*

catarro m. cold (respiratory) Ha cogido un catarro horrible. *He's caught a terrible cold.*

catedral f. cathedral Cada ciudad tiene una catedral imponente. *Every city has an imposing cathedral.*

cena f. supper, dinner Se sirve la cena a las nueve y media. *Supper is served at nine-thirty.*

cenar to eat supper (dinner) Se cena muy tarde en España. *People dine very late in Spain.*

centro m. center, business district Vamos de compras al centro. *Let's go shopping downtown.*

cepillo m. brush ¿Dónde puedo comprar un cepillo de dientes? *Where can I buy a toothbrush?*

cerca de near Deme una habitación cerca del ascensor. *Give me a room near the elevator.*

cerrado closed Muchos museos están cerrados los lunes. *Many museums are closed on Mondays.*

cerrar to close Haga el favor de cerrar la puerta cuando sale. *Please close the door when you leave.*

cesta f. basket Eche los papeles en la cesta. *Throw the papers in the basket.*

ciego blind En muchos lugares los ciegos venden billetes de lotería. *In many places blind persons sell lottery tickets.*

cielo m. sky, heaven El cielo está lleno de nubes oscuras. *The sky is full of dark clouds.*

cierto certain, sure, true ¿Es cierto que vendrá mañana? *Is it certain that he will come tomorrow?*

cine m. movie theater, movies Me gusta ir al cine para ver películas extranjeras. *I like to go to the movies to see foreign films.*

cinta f.   tape (audio), ribbon   Compré varias cintas de los cantantes populares.   *I bought several audios of the popular singers.*

cinturón m.   belt   Abróchense los cinturones.   *Fasten your seat belts.*

cita f.   appointment, date   Hay que llamar al médico y fijar cita.   *You have to call the doctor and make an appointment.*

ciudad f.   city   La capital de México es la ciudad más grande de Latinoamérica.   *The capital of Mexico is the largest city in Latin America.*

claro   clear, light (color), of course   Prefiero un color más claro.   *I prefer a lighter color.*   ¡Claro que sí!   *Of course!*

clase f.   class, kind, type   Tiene dos clases por la mañana y una por la tarde.   *He has two classes in the morning and one in the afternoon.*

cliente m. & f.   client, customer   El cliente siempre tiene razón.   *The customer is always right.*

clima m.   climate   Esta isla tiene un clima ideal.   *This island has an ideal climate.*

cobrar   to collect, charge, cash   ¿Cuánto cobra usted por hora?   *How much do you charge by the hour?*

cocina f.   kitchen   Mi mujer prepara comidas muy buenas en esta cocina.   *My wife prepares very good meals in this kitchen.*

cocinar   to cook   ¿Dónde aprendió a cocinar tan bien?   *Where did she learn to cook so well?*

cocinero (-a)   cook   El cocinero prepara platos diferentes todos los días.   *The cook prepares different dishes every day.*

coche m.   car, coach   Como no tengo coche, tengo que usar un taxi.   *Since I don't have a car, I have to use a taxi.*

coger   to take, catch   Tiene que coger el autobús número 12.   *You have to take bus number 12.*

cola f.   line (queue), tail   La cola para la taquilla es muy larga.   *The line to the ticket office is very long.*

collar m.   necklace   Quiere comprar un collar de perlas para su mujer.   *He wants to buy a pearl necklace for his wife.*

comedia f.   play, comedy   Las comedias de Calderón son muy interesantes.   *Calderón's plays are very interesting.*

comedor m.   dining room   Para la cena comemos en el comedor.   *For dinner we eat in the dining room.*

comenzar   to begin   Comenzamos a comprender mejor.   *We're beginning to understand better.*

comer   to eat   ¿Dónde desean comer esta noche?   *Where do you want to eat tonight?*

comestibles m. pl.   foods, groceries   Se puede comprar toda clase de comestibles en un supermercado.   *You can buy all kinds of groceries in a supermarket.*

comida f.　food, meal　¿Cuáles son las horas de comida?　*What are the meal hours?*

como　as, like　No es como su hermano.　*He isn't like his brother.*　¿Cómo?　*How?*　Cómo está la familia?　*How is the family?*　¡Cómo no!　*Of course!*

cómodo　comfortable　No me siento cómodo aquí.　*I don't feel comfortable here.*

compañero (-a)　companion, friend　Quisiera presentar mi buen compañero, Luis.　*I'd like to introduce my good friend Luis.*

compañía f.　company　Trabaja para una compañía de seguros.　*He works for an insurance company.*

comprar　to buy　¿Dónde compró usted ese vestido?　*Where did you buy that dress?*

comprender　to understand　No comprendo muy bien el plan que presentaron.　*I really don't understand the plan they presented.*

compromiso m.　engagement　No puedo aceptar la invitación porque tengo otro compromiso.　*I can't accept the invitation because I have another engagement.*

con　with　Quisiera salir con ella.　*I'd like to go out with her.*

conducir　to drive, conduct　¿Quién va a conducir, usted o yo?　*Who's going to drive, you or I?*

conferencia f.　conference, lecture　La conferencia sobre el presupuesto fue muy interesante.　*The lecture on the budget was very interesting.*

confuso　confused　Estoy confuso. ¿Qué hago ahora?　*I'm confused. What do I do now?*

conmigo　with me　¿Quiere usted ir al cine conmigo?　*Will you go to the movies with me?*

conocer　to know, to meet　No conozco al alcalde, pero me gustaría conocerlo.　*I don't know the mayor but I'd like to meet him.*

conseguir　to get, obtain　No conseguirá nada gritando.　*You won't get anything by shouting.*

consulado m.　consulate　Vaya al consulado si tiene problemas.　*Go to the consulate if you have problems.*

contar　to count, tell　Cuente el cambio siempre.　*Always count your change.*

contento　content, glad　Estoy muy contento de verlos.　*I'm very glad to see you.*

contestar　to answer, reply　Me complace contestar a su última carta.　*I am happy to reply to your last letter.*

continuar　to continue, go on　Estoy tan cansado que no puedo continuar.　*I'm so tired that I can't go on.*

contra　against　Yo estoy contra esa resolución.　*I'm against that resolution.*

contrario contrary Al contrario, nunca he dicho tal cosa. *On the contrary, I've never said such a thing.*

copa f. (wine) glass, drink Vamos a tomar una copa. *Let's have a drink.*

corazón m. heart Se lo agradezco de todo corazón. *I thank you with all my heart.*

corbata f. tie Le dio una corbata a su padre. *She gave her father a tie.*

correcto correct ¿Es correcto decirlo así? *Is it correct to say it like this?*

correo m. mail, post office ¿Ha llegado ya el correo? *Has the mail come yet?*

corregir to correct Haga el favor de corregir todos mis errores. *Please correct all my errors.*

correr to run Tenemos que correr para llegar a tiempo. *We have to run to arrive on time.*

corrida (de toros) f. bullfight La corrida de hoy empieza a las siete. *Today's bullfight begins at seven.*

cortar to cut Este cuchillo no corta bien. *This knife doesn't cut well.*

cortés polite Todos los niños en esta clase son muy corteses. *All the children in this class are very polite.*

corto short ¿Hay un camino más corto para llegar allí? *Is there a shorter road to get there?*

cosa f. thing Quiero decirte una cosa curiosa. *I want to tell you a strange thing.*

coser to sew ¿Me puede coser estos botones? *Can you sew on these buttons for me?*

costa f. coast Vamos a visitar algunos pueblos en la costa. *We're going to visit some towns along the coast.*

costar to cost ¿Cuánto va a costar? *How much is it going to cost?*

costumbre f. custom Nos interesa observar las costumbres de las diferentes regiones. *We're interested in observing the customs of different regions.*

creer to believe, think ¿Cree usted que valga la pena? No lo creo. *Do you think it's worth while? I don't think so.*

criado (-a) servant Los ricos tienen muchos criados. *Rich people have many servants.*

crimen m. crime Lo mandaron a la cárcel por todos los crímenes que había cometido. *They sent him to jail for all the crimes he had committed.*

crudo raw Dice que los vegetales crudos son más saludables. *He says that raw vegetables are more healthful.*

cruz f. cross Hay una cruz enorme sobre el Valle de los Caídos. *There is an enormous cross above the Valley of the Fallen.*

cruzar to cross Cuidado al cruzar la calle. *Be careful crossing the street.*

cuaderno m. notebook Necesito un cuaderno para escribir mis notas. *I need a notebook to write my notes.*

cuadra f.   (city) block   Está a dos cuadras de aquí.   *It's two blocks from here.*

cuadro m.   picture   El Prado tiene los mejores cuadros de Velázquez y Goya.   *The Prado has the best paintings by Velázquez and Goya.*

¿cuál?   which, which one?   ¿Cuál prefiere usted?   *Which one do you prefer?*

cuando   when   Escríbame cuando llegue.   *Write me when you arrive.*

¿cuándo?   when?   ¿Cuándo quiere que le llame?   *When do you want me to call you?*

¿cuánto?   how much?   ¿Cuánto cuesta?   *How much does it cost?*

cuarto m.   room, quarter, fourth   Cada niño tiene su propio cuarto.   *Each child has his own room.*

cubrir   to cover   Una espesa neblina cubrió el campo.   *A thick mist covered the countryside.*

cuchara f.   tablespoon   Camarero, por favor. Me hace falta una cuchara para la sopa.   *Waiter, please. I need a spoon for the soup.*

cucharita f.   teaspoon   Tomo dos cucharitas de azúcar con mi café.   *I take two teaspoons of sugar with my coffee.*

cuchillo m.   knife   Necesitamos un cuchillo para la mantequilla.   *We need a knife for the butter.*

cuello m.   neck, collar   Me levanté hoy con un dolor de cuello   *I got up today with a pain in my neck.*

cuenta f.   check, bill (restaurant)   La cuenta, por favor.   *The check, please.*

cuento m.   story, tale   Es un autor famoso por sus novelas y cuentos.   *He is an author famous for his novels and stories.*

cuero m.   leather   Busca un cinturón de cuero.   *He's looking for a leather belt.*

cuerpo m.   body   Sacaron varios cuerpos después de la explosión.   *They carried out several bodies after the explosion.*

cuidado m.   care   ¡Cuidado¡ Es peligroso.   *Take care! It's dangerous.*

cuidarse   to take care (of oneself)   Cuídese. No se enferme.   *Take care of yourself. Don't get sick.*

cumpleaños m.   birthday   ¿Qué le compramos para su cumpleaños?   *What shall we buy him for his birthday?*

cumplir   to complete, fulfill   Cumplió su promesa y ayudó a sus hermanos.   *He kept his promise and helped his brothers.*

cura m.   priest   El cura que los casó es el tío de la novia.   *The priest who married them is the bride's uncle.*

curso m.   course, class   El curso de historia es interesante.   *The history course is interesting.*

chaqueta f.   jacket   Quítese la chaqueta si tiene calor.   *Take off your jacket if you're warm.*

cheque m. check ¿Le pago con cheque personal? *Can I pay you with a personal check?*

chico (-a) boy, girl, kid Los chicos están haciendo demasiado ruido. *The kids are making too much noise.*

chiste m. joke Nos pusimos a reír cuando contó el chiste. *We began to laugh when he told the joke.*

chocar to collide, crash, shock Los dos coches chocaron en la intersección. *The two cars collided at the intersection.*

chófer m driver El chófer estaba gritando porque el auto delante de él no se movía. *The driver was shouting because the car in front of him wasn't moving.*

dama f. lady Damas y caballeros, siéntense por favor. *Ladies and gentlemen, please sit down.*

daño m. harm, damage Se hizo daño cuando cayó. *He hurt himself when he fell.*

dar to give Siempre doy algo a los mendigos. *I always give something to the beggars.*

de of, from ¿Cuántos kilómetros hay de aquí a la estación de ferrocarril? *How many kilometers is it from here to the railroad station?*

debajo de under, beneath Lo dejaron debajo de la mesa. *They left it under the table.*

deber should, ought to, to owe Los estudiantes deben estudiar más. *The students ought to study more.*

débil weak Se siente débil después de su enfermedad. *He feels weak after his illness.*

decidir to decide Bueno, ¿han decidido ustedes? *Well, have you decided?*

decir to say, tell Todo lo que dice es cierto. *Everything he says is true.*

dedo m. finger Se cortó el dedo con el cuchillo. *He cut his finger with the knife.*

dejar to let, permit, allow, leave No dejan entrar a nadie sin permiso especial. *They don't let anyone enter without special permission.*

delante de in front of Espero que nadie se siente delante de nosotros. *I hope no one sits down in front of us.*

delgado slim, thin Si quiere estar delgada, siga esta dieta. *If you want to be slim, follow this diet.*

demás (the) rest Los demás vendrán muy pronto. *The rest of them will come very soon.*

demasiado too, too much Esto cuesta demasiado. *This costs too much.*

dentro inside, within Es más cómodo aquí dentro. *It's more comfortable here inside.*

depender to depend No sé. Depende del precio. *I don't know. It depends on the price.*

dependiente m. & f.   salesclerk   Uno de los dependientes le atenderá en seguida.   *One of the salesclerks will take care of you at once.*

deporte m.   sport   El béisbol es un deporte popular en varios países de Latinoamérica.   *Baseball is a popular sport in several Latin American countries.*

derecho   right, straight   La biblioteca está a la derecha.   *The library is to the right.*   Siga usted todo derecho.   *Continue straight ahead.*

desarrollar   to develop   El gobierno trata de desarrollar nuevas industrias.   *The government is trying to develop new industries.*

desayunar(se)   to eat breakfast   ¿Dónde desayunamos hoy?   *Where shall we have breakfast today?*

desayuno m.   breakfast   Sirven un desayuno continental en este hotel.   *They serve a continental breakfast in this hotel.*

descansar   to rest   Después de tantas visitas queremos descansar un poco.   *After so many visits, we want to rest a little.*

descubrir   to discover   ¿Descubrió algo nuevo hoy?   *Did you discover something new today?*

descuento m.   discount   Muchas tiendas ofrecen descuentos en el mes de agosto.   *Many stores offer discounts in the month of August.*

desde   since   No he oído de él desde junio pasado.   *I haven't heard from him since last June.*

desear   to desire, wish   ¿Qué desean ustedes pedir, señores?   *What do you wish to order, gentlemen?*

desgracia f.   misfortune   ¡Cuántas desgracias han sufrido estos pobres niños! Por desgracia, no los puedo ayudar.   *How many misfortunes these poor children have suffered! Unfortunately, I cannot help them.*

desmayarse   to faint   Al oír la noticia se desmayó.   *On hearing the news she fainted.*

despacio   slowly   Hable usted más despacio, por favor.   *Speak more slowly, please.*

despedirse   to say goodbye   Siempre lloro cuando nos despedimos.   *I always cry when we say goodbye.*

despertar(se)   to awaken, wake up   ¿Quieren despertarme a las siete?   *Will you wake me at seven?*

después (de)   after   Podemos salir después del almuerzo.   *We can leave after lunch.*

destino m.   destination, destiny   Tome el tren con destino a Moncloa.   *Take the train that's going to Moncloa.*

detrás (de)   behind, in back of   Hay un jardín elegante detrás del palacio.   *There's an elegant garden behind the palace.*

devolver   to return, give back   Mañana te devuelvo el dinero que me prestaste.   *Tomorrow I'll return the money you lent me.*

día m.   day   ¿Cuál es su día favorito?   *What's your favorite day?*

dibujo m.   drawing, sketch   Hay una exposición especial de los dibujos de Picasso.   *There's a special exhibit of Picasso's sketches.*

diente m.   tooth   Tengo un dolor de dientes y quiero ir al dentista.   *I have a toothache and I want to go to the dentist.*

difícil   difficult, hard   No es difícil si estudias.   *It's not difficult if you study.*

dinero m.   money   ¿Dónde puedo cambiar dinero?   *Where can I exchange money?*

Dios m.   God   Gracias a Dios, por fin llegaron.   *Thank God, they finally arrived.*

dirección f.   direction, address   ¿Cuál es la dirección de su casa?   *What's your home address?*

distancia f.   distance   ¿Qué distancia hay de aquí a Salamanca?   *What's the distance from here to Salamanca?*

divertirse   to have a good time, to enjoy oneself   Nos divertimos mucho anoche   *We had a good time last night.*

doblar   to turn, fold   Doble la esquina y verá la tienda que busca.   *Turn the corner and you'll see the store you're looking for.*

docena f.   dozen   Una docena de huevos nos bastará.   *A dozen eggs will be enough for us.*

dólar m.   dollar   El valor del dólar está subiendo.   *The value of the dollar is going up.*

doler   to hurt, ache   Muéstreme donde le duele.   *Show me where it hurts you.*

dolor m.   pain, ache   Siento un dolor en la espalda.   *I feel a pain in my back.*

donde   where   Yo no sé donde están.   *I don't know where they are.*

¿dónde?   where?   ¿De dónde es usted?   *Where are you from?*

dormir   to sleep   Con tanto ruido no pude dormir anoche.   *With so much noise I couldn't sleep last night.*

ducha f.   shower   Prefiero tomar una ducha por la mañana.   *I prefer to take a shower in the morning.*

dudar   to doubt   No dudo que lo ha hecho.   *I don't doubt that he's done it.*

dueño (-a)   owner   ¿Quién es el dueño de esta propiedad?   *Who's the owner of this property?*

dulce   sweet   No me gustan los postres dulces.   *I don't like sweet desserts.*

durante   during   Sufrieron mucho durante los años de la guerra.   *They suffered a lot during the war years.*

durar   to last   El reinado de Felipe II [segundo] duró cuarenta años.   *The reign of Philip II lasted forty years.*

duro hard, difficult Ha llevado una vida dura. *She's had a hard life.*

echar to throw, pour No eche nada al suelo. *Don't throw anything on the floor.*

edad f. age ¿Qué edad tiene su hijo? *How old is your son?*

edificio m. building El edificio es viejo pero sólido. *The building is old but solid.*

efectivo m. cash Quiero que me paguen en efectivo. *I want to be paid in cash.*

efecto m. effect En efecto, es la primera vez que estoy aquí. *As a matter of fact, this is the first time I've been here.*

ejemplo m. example Este es un ejemplo del progreso que estamos haciendo. *This is an example of the progress that we're making.*

ejército m. army El ejército está en el norte para proteger la frontera. *The army is in the north to protect the border.*

el m.; **(la** f.; **los** m. pl.; **las** f. pl.) the La maestra y los alumnos están en el museo. *The teacher and the pupils are in the museum.*

él m. he ¿Quién es él? *Who is he?*

ella f. she ¿Quién es ella? *Who is she?*

ellos m. **(ellas** f.) they Espero que ellos lleguen pronto. *I hope they arrive soon.*

embajada f. embassy Todos los países tienen sus embajadas en la capital. *All countries have their embassies in the capital.*

embargo, sin nevertheless Sin embargo, quiero ir allí. *Nevertheless, I want to go there.*

empezar to begin Ya empieza a hablar. *He's already beginning to talk.*

empleado (-a) employee Los empleados amenazan salir en huelga. *The employees threaten to go out on strike.*

empleo m. employment, job ¿Qué clase de empleo busca usted? *What type of job are you looking for?*

empujar to push Empuje la puerta con cuidado. *Push the door carefully.*

en in, on, at Se porta bien en la escuela, pero en casa causa problemas. *He behaves well in school but at home he causes problems.*

enamorado in love Estoy enamorado de ti y quiero casarme contigo. *I'm in love with you and I want to marry you.*

encantado delighted, charmed, "pleased to meet you" Encantado de conocerle. *Delighted to meet you.*

encender to light, turn on Encienda la luz, por favor. *Turn on the light, please.*

encima de above, on top of Lo dejé encima de la mesa. *I left it on the table.*

encontrar to find, meet La encontré por casualidad en la biblioteca. *I met her by chance in the library.*

enfermo   sick, ill   No pudo venir porque estaba enfermo.   *He couldn't come because he was ill.*

enfrente   opposite, facing   Enfrente hay un edificio de seis pisos.   *Opposite there is a six-story building.*

engañar   to deceive   Espero que no me engañen.   *I hope they aren't deceiving me.*

enojar   to annoy   El humo de los cigarrillos enojó a los otros pasajeros.   *The cigarette smoke annoyed the other passengers.*

enseñar   to teach, show   Quiero enseñarles una vista espectacular.   *I want to show you a spectacular view.*

entender   to understand   No entendí porque hablaban en voz baja.   *I didn't understand because they spoke in a low voice.*

entonces   then, at that time   Entonces éramos bastante ricos.   *At that time we were quite rich.*

entrada f.   entrance, admission   La entrada es gratis para los niños.   *Admission is free for children.*

entrar   to enter, come in   ¿Se puede entrar?   *May I come in?*

entre   between, among   Entre nosotros no hay problema.   *Between us there is no problem.*

entregar   to deliver, hand over   Me entregó la carta y salió.   *He handed me the letter and left.*

entremés m.   appetizer, intermission   Durante el entremés me levanté para estirar las piernas.   *During the intermission I got up to stretch my legs.*

enviar   to send   Quiero enviar estas cartas por correo aéreo.   *I want to send these letters by airmail.*

envolver   to wrap   ¿Me quiere envolver bien este paquete?   *Will you wrap this package neatly for me?*

equipaje m.   luggage, baggage   No puedo encontrar mi equipaje.   *I can't find my luggage.*

equipo m.   team   Mi equipo favorito perdió ayer.   *My favorite team lost yesterday.*

equivocarse   to be mistaken, to be wrong   Perdone, pero creo que se equivoca usted.   *Excuse me, but I believe you're mistaken.*

escalera f.   staircase, stairs   Para bajar, siempre uso la escalera.   *To go down, I always use the stairs.*

escoger   to choose, select   Escogimos un hotel cerca de los museos.   *We chose a hotel near the museums.*

esconder   to hide   Los ladrones se escondieron en el bosque.   *The thieves hid in the woods.*

escribir   to write   Prometió escribir todos los días.   *He promised to write every day.*

escuchar   to listen   Escuchen lo que dice el profesor.   *Listen to what the teacher says.*

escuela f.   school   Los niños van a la escuela por la mañana.   *The children go to school in the morning.*

ese m.   (**esa** f.; **esos** m. pl.; **esas** f. pl.; **eso** [neuter pronoun])   that, those   ¿Quiénes son esos niños?   *Who are those children?*   Eso es.   *That's it.*

esfuerzo m.   effort   Hay que hacer un esfuerzo.   *You must make an effort.*

espacio m.   space   No hay bastante espacio aquí para cuarenta personas.   *There isn't enough space here for forty people.*

espalda f.   back, shoulder   Sintió un golpe en la espalda.   *He felt a blow on his shoulder.*

España f.   Spain   Fueron a España para estudiar en la universidad.   *They went to Spain to study in the university.*

español m.   Spanish   Se habla español en veinte países.   *Spanish is spoken in twenty countries.*

espectáculo m.   spectacle, show   Es un espectáculo que no va a olvidar.   *It's a spectacle you won't forget.*

espejo m.   mirror   Necesito un espejo para peinarme.   *I need a mirror to comb my hair.*

esperar   to hope, wait (for)   Tendremos que esperar algunos minutos.   *We'll have to wait a few minutes.*

esquina f.   (street) corner   Está en la próxima esquina.   *It's on the next corner.*

estación f.   station, season   Es difícil conseguir un taxi fuera de la estación.   *It's hard to get a taxi outside the station.*

estacionar   to park   ¿Dónde podemos estacionar el coche?   *Where can we park the car?*

estado m.   state, condition   Trabaja para el estado.   *He works for the state.*

Estados Unidos m. pl.   United States   Muchos habitantes de los Estados Unidos hablan español.   *Many inhabitants of the United States speak Spanish.*

estar   to be   No está aquí porque está enfermo.   *He isn't here because he's ill.*

estatua f.   statue   Hay muchas estatuas romanas en la próxima sala.   *There are many Roman statues in the next room.*

este m.   east   Muchos puertos están en el este.   *Many ports are in the east.*

este m.   (**esta** f.; **estos** m. pl.; **estas** f. pl.; **esto** [neuter pronoun])   this, these   Estas señoras son mis tías.   *These ladies are my aunts.*   Esto es muy importante.   *This is very important.*

estómago m.   stomach   Tiene un dolor de estómago.   *He has a stomach-ache.*

estrecho   narrow, tight   Este traje me queda estrecho.   *This suit is tight on me.*

estrella f.   star   Las estrellas salen de noche.   *The stars come out at night.*   Es una estrella de Hollywood.   *He (she) is a Hollywood star.*

estudiante m. & f.   student   Algunos estudiantes no van a volver el semestre que viene.   *Some students aren't going to come back next semester.*

estudiar   to study   Es una buena idea estudiar la lengua y cultura del país que va a visitar.   *It's a good idea to study the language and culture of the country you're going to visit.*

estupendo   stupendous, wonderful   Nuestra visita fue estupenda.   *Our visit was wonderful.*

Europa f.   Europe   Hay tantos países en Europa que quisiera visitar.   *There are so many countries in Europe that I'd like to visit.*

examen m.   exam   El profesor dijo que no nos daría un examen esta semana.   *The teacher said that he wouldn't give us an exam this week.*

exigir   to demand, require   Exige que todos entreguen sus papeles a tiempo.   *He demands that they all turn in their papers on time.*

éxito m.   success   Su última comedia tuvo un gran éxito.   *His last play was a great success.*

explicar   to explain   Déjeme explicar por qué llegué tarde.   *Let me explain why I arrived late.*

extranjero m.   foreigner, stranger, foreign   Me gusta estudiar las lenguas extranjeras.   *I like to study foreign languages.*

extrañar (Spanish America)   to miss   Extraña mucho a su familia.   *She misses her family a lot.*

extraño   strange   Es extraño que nadie nos conozca.   *It's strange that nobody knows us.*

fábrica f.   factory   Se han abierto muchas nuevas fábricas.   *Many new factories have opened.*

fácil   easy   No es fácil aprender un idioma extranjero.   *It isn't easy to learn a foreign language.*

falda f.   skirt   Las muchachas llevan faldas cortas estos días.   *Girls are wearing short skirts these days.*

falta f.   mistake, lack   ¿Hay faltas en este ejercicio?   *Are there any mistakes in this exercise?*   Me hace falta un martillo.   *I need a hammer.*

familia f.   family   Somos cinco en nuestra familia.   *There are five in our family.*

famoso   famous   Es uno de los autores más famosos de España.   *He is one of Spain's most famous authors.*

fe f.   faith   Hay que tener fe en el presidente.   *We must have faith in the president.*

fecha f.   date (in time)   ¿Cuál es la fecha hoy?   *What is today's date?*

felicitaciones f. pl.   congratulations   Felicitaciones en su aniversario.   *Congratulations on your anniversary.*

feliz   happy   ¡Feliz año nuevo!   *Happy new year!*

feo   ugly   No es ni guapo ni feo.   *He is neither handsome nor ugly.*

ferrocarril m.   railroad   Algunos nuevos trenes de ferrocarril van muy rápidos.   *Some new railroad trains go very fast.*

fiar   to trust   No se puede fiar de nadie.   *You can't trust anybody.*

fiebre f.   fever   Con la fiebre que tienes no puedes salir de casa.   *With the fever that you have you cannot go out of the house.*

fiesta f.   holiday, party   Mañana es día de fiesta.   *Tomorrow is a holiday.*

fin m.   end   Pronto llega el fin del semestre.   *The end of the semester will come soon.*

firma f.   signature, firm (business)   Necesitamos su firma, por favor.   *We need your signature, please.*

firmar   to sign   Firme usted aquí, por favor.   *Sign here, please.*

flamenco   flamenco, Gypsy dancing and music   Los espectáculos flamencos son populares en el sur de España.   *Flamenco shows are popular in the south of Spain.*

flor f.   flower   Mandó flores a su madre.   *He sent flowers to his mother.*

fósforo m.   match   ¿Tiene usted fósforo? Lo siento, pero no fumo.   *Do you have a match? I'm sorry, but I don't smoke.*

foto(grafía) f.   photo   ¿Dónde puedo revelar estas fotos?   *Where can I develop these photos?*

fracasar   to fail   Habrían fracasado sin la ayuda del gobierno.   *They would have failed without help from the government.*

francés   French   No hablo francés, pero lo entiendo un poco.   *I don't speak French, but I understand it a little.*

Francia f.   France   Francia está separada de España por los Pirineos.   *France is separated from Spain by the Pyrenees.*

frase f.   sentence, phrase   Escriban una composición de diez frases.   *Write a composition of ten sentences.*

frazada f. (Spanish America)   blanket   Pida otra frazada si hace frío esta noche.   *Ask for another blanket if it's cold tonight.*

frente m.   front (political, military)   Perdieron la guerra en el frente del este.   *They lost the war on the eastern front.*

frente f.   forehead   Al oír eso, arrugó la frente.   *On hearing that, he knitted his brow.*

frío   cold   El café está frío.   *The coffee is cold.*

frito   fried   Dos huevos fritos y un café, por favor.   *Two fried eggs and coffee, please.*

frontera f.   border   ¿Tenemos que bajar del tren en la frontera?   *Do we have to get off the train at the border?*

fuego m.   fire   El fuego fue tan intenso que los bomberos no pudieron entrar en la casa.   *The fire was so intense that the firemen couldn't get into the house.*

fuera (de)   outside   Esta carretera los llevará fuera de la ciudad.   *This highway will take you out of the city.*

fuerte   strong   El toro es más fuerte que el torero, pero casi siempre pierde.   *The bull is stronger than the bullfighter, but he almost always loses.*

fumar   to smoke   No se permite fumar en clase.   *Smoking is not permitted in class.*

función f.   function, show, performance   La última función empieza a las once.   *The last show goes on at eleven.*

funcionar   to function, work   El ascensor no funciona.   *The elevator is out of order.*

fútbol m.   soccer   El fútbol es muy popular en España.   *Soccer is very popular in Spain.*

gafas f. pl.   eyeglasses   Uso gafas solamente para leer.   *I use glasses only for reading.*

gana f.   desire   No tengo ganas de salir esta noche.   *I don't feel like going out tonight.*

ganar   to earn, win   ¿Quién ganó el partido?   *Who won the game?*

ganga f.   bargain   Mucha gente busca gangas en el Rastro los domingos por la mañana.   *Many people look for bargains in the Rastro [flea market in Madrid] on Sunday mornings.*

garganta f.   throat   Tiene un dolor de garganta y no puede hablar.   *He has a sore throat and can't speak.*

gastar   to spend   No me gusta gastar dinero en tonterías.   *I don't like to spend money on foolishness.*

gente f.   people   Mucha gente vino a la ceremonia.   *Many people came to the ceremony.*

gerente m.   manager   Quiero hablar con el gerente.   *I want to talk to the manager.*

gobierno m.   government   El neuvo gobierno tiene el apoyo del pueblo.   *The new government has the support of the people.*

golpe m.   blow, knock   Fue como un golpe a la cabeza.   *It was like a blow to the head.*

gordo   fat   Si sigues comiendo así, te pondrás gordo.   *If you keep on eating like that, you'll get fat.*

gota f.   drop   No queda ni una gota de agua.   *There's not a drop of water left.*

gozar (de)   to enjoy   Gozan de buena salud.   *They're enjoying good health.*

gracias   thanks   Muchas gracias por su amabilidad.   *Thank you very much for your kindness.*

gran, grande   big, large, great   El presidente Lincoln fue un gran hombre y también un hombre grande.   *President Lincoln was a great man and also a big man.*

gritar   to shout   No hay que gritar. Ya vienen.   *There is no need to shout. They're coming already.*

grito m.   shout   Me despertó un grito en la calle.   *A shout in the street awakened me.*

grupo m.   group   Hay dos profesores y treinta alumnos en nuestro grupo.   *There are two teachers and thirty pupils in our group.*

guante m.   glove   Cuando hace frío me pongo guantes.   *When it's cold I put on gloves.*

guapo   handsome   En su familia, todos los hombres son guapos y las mujeres bonitas.   *In his family, all the men are handsome and the women pretty.*

guardia m. & f.   guard, police officer   Los guardias protegen al público.   *The police officers protect the public.*

guerra f.   war   La Guerra Civil en España duró casi tres años.   *The Civil War in Spain lasted almost three years.*

guía m. & f.   guide   Nuestra guía nos llevó a todos los puntos de interés.   *Our guide took us to all the points of interest.*

guía f.   guidebook   ¿Cuánto cuesta esta guía de México?   *How much is this guide to Mexico?*

gustar   to please, like   Nos gusta viajar en el verano.   *We like to travel in the summer.*

gusto m.   pleasure   Mucho gusto en conocerle. El gusto es mío.   *Pleased to meet you. The pleasure is mine.*

habitación f.   room   Todas las habitaciones tienen baño y teléfono.   *All the rooms have a bath and telephone.*

hablar   to speak, talk   Yo hablo español un poco. ¿Habla usted inglés?   *I speak Spanish a little. Do you speak English?*

hacer   to do, make   Hay tantas cosas que hacer.   *There are so many things to do.*

hacia   toward   Caminaba hacia la aldea.   *He was walking toward the village.*

hallar   to find   ¿Dónde se puede hallar un restaurante vegetariano?   *Where can one find a vegetarian restaurant?*

hambre f.   hunger   No tengo hambre todavía.   *I'm not hungry yet.*

hasta   until   Los esperamos hasta las cuatro.   *We waited for them until four o'clock.*

hay   there is, there are   Hay muchos lugares que visitar.   *There are many places to visit.*

hermoso   beautiful   ¡Qué vista tan hermosa!   *What a beautiful view!*

hielo m.   ice   Eche un poco de hielo en mi vaso.   *Put a little ice in my glass.*

hola hi, hello   Hola, ¿qué tal?   *Hi, how are you?*

hombre m.   man   Había más hombres que mujeres en la reunión.   *There were more men than women at the meeting.*

hora f.   hour, time   ¿Qué hora es?   *What time is it?*

horario m.   schedule, timetable   Busco el horario de los autobuses.   *I am looking for the bus schedule.*

hoy today   Hoy es el primer día de clases.   *Today is the first day of classes.*

huelga f.   strike   Los obreros municipales se declararon en huelga.   *The municipal workers went out on strike.*

huésped m. & f.   guest   Ya han llegado todos los huéspedes.   *All the guests have already arrived.*

humo m.   smoke   Se podía ver el humo desde lejos.   *You could see the smoke from far away.*

ida f.   going, leaving   Un billete de ida y vuelta, por favor.   *A round-trip ticket, please.*

idioma m.   language   Me encanta aprender nuevos idiomas.   *I love to learn new languages.*

iglesia f.   church   Van a la iglesia todos los domingos.   *They go to church every Sunday.*

igual equal, same   Yo te amo igual que ama la flor la luz del día.   *I love you the same as a flower loves the light of day.*

igualmente likewise   Mucho gusto en conocerle. Igualmente.   *Pleased to meet you. Likewise.*

impermeable m.   raincoat   Va a llover. Lleva tu impermeable.   *It's going to rain. Take your raincoat.*

importar to import, to matter   No me importa lo que dicen.   *It doesn't matter to me what they say.*

impuesto m.   tax   Los impuestos siempre suben.   *The taxes always go up.*

incendio m.   fire   En caso de incendio, no use el ascensor.   *In case of fire, do not use the elevator.*

indicar to indicate, show   ¿Quiere indicarme la ruta en el mapa?   *Would you show me the route on the map?*

ingeniero m.   engineer   Mis dos hermanos son ingenieros.   *My two brothers are engineers.*

Inglaterra f.   England   Inglaterra y España eran rivales en la colonización del Nuevo Mundo.   *England and Spain were rivals in the colonization of the New World.*

inglés m.   English   No soy inglés pero sí hablo inglés.   *I'm not English but I do speak English.*

inmediatamente immediately   Salgan de aquí inmediatamente.   *Get out of here immediately.*

interés m. interest Quisiera visitar todos los puntos de interés. *I'd like to visit all the points of interest.*

inútil useless Es inútil protestar. *It's useless to protest.*

ir to go No podemos ir mañana. *We can't go tomorrow.*

izquierda left Doble a la izquierda en la primera esquina. *Turn to your left at the first corner.*

jabón m. soap ¿Nos puede dejar otra barra de jabón? *Can you leave us another bar of soap?*

jamás never, ever No hemos visto jamás tanta riqueza. *We've never seen such wealth.*

jardín m. garden El palacio está rodeado de jardines. *The palace is surrounded by gardens.*

jefe m. boss, chief, head Nuestro jefe siempre llega temprano. *Our boss always arrives early.*

joven young Es muy joven para ocupar un puesto tan importante. *He's very young to occupy such an important position.*

joya f. jewel Quería comprar una joya elegante para su esposa. *He wanted to buy an elegant jewel for his wife.*

judío (-a) Jew Muchos judíos sefarditas hablan español. *Many Sephardic Jews speak Spanish.*

juego m. game El ajedrez es un juego difícil. *Chess is a difficult game.*

juez m. & f. judge Todo el mundo se levanta cuando entra el juez. *Everyone stands up when the judge enters.*

jugar to play ¿Quiénes juegan esta tarde? *Who are the ones playing this afternoon?*

juguete m. toy ¡Cuántos juguetes tienen los niños estos días! *How many toys children have these days!*

juntos together Será mejor si vamos juntos. *It will be better if we go together.*

jurar to swear Juran que no lo robaron. *They swear that they didn't steal it.*

kilo(-gramo) m. kilo(gram) (2.2 lbs) Se vende a doscientas pesetas el kilo. *It's sold at 200 pesetas a kilo.*

kilómetro m. kilometer (5/8 of a mile) La velocidad máxima es ochenta kilómetros por hora. *The speed limit is 80 kilometers (50 miles) an hour.*

la f. the, her, it Es la voz de mi madre; yo la reconocería en cualquier parte. *It's my mother's voice; I'd recognize it anywhere.*

las f. pl. the, them ¿Quién escribió las notas? La secretaria las escribió. *Who wrote the notes? The secretary wrote them.*

labio m.   lip   Ella tiene labios de rubí.   *She has ruby-red lips.*

lado m.   side   Su casa está al otro lado de la calle.   *His house is on the other side of the street.*

ladrón m.   thief   El ladrón se escapó en la confusión.   *The thief escaped in the confusion.*

lago m.   lake   Hay un gran lago en el parque.   *There's a big lake in the park.*

lámpara f.   lamp   Necesitamos una lámpara para leer.   *We need a reading lamp.*

lana f.   wool   Quiero un suéter de lana.   *I want a wool sweater.*

lápiz m.   pencil   No podía tomar notas porque se me perdió el lápiz.   *I couldn't take notes because I lost my pencil.*

largo   long   Dio un discurso muy largo.   *He gave a very long talk.*

lástima f.   pity   ¡Qué lástima que no hayan venido!   *What a pity that they haven't come!*

lavabo f.   sink, lavatory   ¿Dónde están los lavabos?   *Where are the lavatories?*

lavar(se)   to wash (oneself)   ¿Dónde podemos lavar la ropa?   *Where can we wash our clothes?*

le   to him, to her, to you   Le hablo como amigo.   *I'm speaking to you as a friend.*

lección f.   lesson   Esta lección es más complicada que la anterior.   *This lesson is more complicated than the previous one.*

leer   to read   Me gustaría leer todo lo que ha escrito.   *I'd like to read everything he's written.*

lejos   far (away)   Está muy lejos de aquí.   *It's very far from here.*

lengua f.   language, tongue   Se hablan varias lenguas en la península ibérica.   *Several languages are spoken on the Iberian Peninsula.*

lentamente   slowly   Más lentamente, por favor.   *More slowly, please.*

lentes m. pl.   eyeglasses   Si pierdo mis lentes, no puedo ver nada.   *If I lose my glasses, I can't see a thing.*

letra f.   letter (of alphabet), handwriting   Él tiene tan mala letra que no puedo leer su carta.   *He has such a bad handwriting that I can't read his letter.*

letrero m.   sign   El letrero dice: "Descuentos hoy y mañana."   *The sign says: "Discounts today and tomorrow."*

levantar   to lift, raise   Levante la mano si quiere hablar.   *Raise your hand if you want to speak.*

levantarse   to get up, stand up   Levántese, por favor, y hable en voz alta.   *Stand up, please, and speak in a loud voice.*

ley f.   law   El juez explicó la ley a los miembros del jurado.   *The judge explained the law to the members of the jury.*

libre free   Por fin quedaron libres del tirano.   *Finally they were free from the tyrant.*

libro m.   book   Tenemos que leer tantos libros en este curso.   *We have to read so many books in this course.*

ligero light (weight)   Un abrigo ligero es ideal para noviembre.   *A light coat is ideal for November.*

límite m.   limit, boundary   ¿Cuáles son los límites de su propiedad?   *What are the boundaries of your property?*

limpiar to clean   ¿Limpian las habitaciones todos los días?   *Do they clean the rooms every day?*

limpio clean   Nuestra habitación siempre está limpia.   *Our room is always clean.*

lindo pretty   Tienen una casa muy linda.   *They have a very pretty home.*

línea f.   line   Lean con cuidado la tercera línea.   *Read the third line carefully.*

lista f.   list, menu   Su nombre no está en la lista de invitados.   *Your name isn't on the guest list.*

listo ready, smart, bright   Es muy lista pero casi nunca está lista a tiempo.   *She is very bright but is almost never ready on time.*

litro m.   liter (1.06 quarts)   Écheme veinte litros, por favor.   *Put in twenty liters, please.*

lo m.   it, him, you   No lo he visto todavía.   *I haven't seen him yet.*

loco crazy, insane, mad   ¿Estás loco? No puedes hacer eso.   *Are you crazy? You can't do that.*

los m. pl.   the, them, you   ¿Quiénes comieron los pasteles? Los niños los comieron.   *Who ate the pies? The children ate them.*

lucha f.   struggle, fight   Fue una lucha larga y cruel.   *It was a long, cruel struggle.*

luego then, after   Almorzamos y luego dimos un paseo.   *We ate lunch and then took a walk.*

lugar m.   place   Es un lugar muy ameno.   *It's a very pleasant place.*

lujo m.   luxury   El Ritz es un hotel de lujo.   *The Ritz is a deluxe hotel.*

luna f.   moon   La luna está llena esta noche.   *The moon is full tonight.*

luz f.   light   Es romántico caminar a la luz de la luna.   *It's romantic to walk in the moonlight.*

llamada f.   call   Hubo una llamada para usted.   *There was a call for you.*

llamar(se) to call, to be called   Se llama Francisco, pero todo el mundo le llama Paco.   *His name is Francisco, but everyone calls him Paco.*

llave f.   key   Perdí la llave y no puedo abrir la puerta.   *I lost my key and I can't open the door.*

llegada f.   arrival   Estamos esperando la llegada de mi primo.   *We're awaiting my cousin's arrival.*

llegar   to arrive   ¿Cuándo llega el tren de Barcelona?   *When does the train from Barcelona arrive?*

llenar   to fill   Llene el tanque, por favor.   *Fill the tank, please.*

lleno   full   El vaso está medio lleno.   *The glass is half full.*

llevar   to carry, wear, take   Nos llevaron a todas partes.   *They took us everywhere.*

llorar   to cry   Una canción popular dice: "Canta y no llores."   *A popular song says: "Sing and don't cry."*

llover   to rain   Casi nunca llueve en Madrid en el verano.   *It almost never rains in Madrid in the summer.*

lluvia f.   rain   La lluvia de anoche no refrescó nada.   *Last night's rain didn't cool things off at all.*

madera f.   wood   Guardo mis papeles importantes en esta caja de madera.   *I keep my important papers in this wooden box.*

maduro   ripe   Las uvas no están maduras todavía.   *The grapes aren't ripe yet.*

maestro (-a)   teacher   Los maestros tienen mucha paciencia.   *Teachers have a lot of patience.*

mal(o)   bad, badly, ill   Hace mal tiempo y me siento mal.   *The weather is bad and I feel bad.*

maleta f.   suitcase   Permiten dos maletas en el avión.   *They allow two suitcases on the plane.*

mandar   to send, command   Lo mandaré por correo aéreo.   *I'll send it by airmail.*

manera f.   manner, way   Me encanta su manera de hablar.   *I'm charmed by his way of speaking.*

mano f.   hand   Perdió el uso de la mano izquierda en una batalla.   *He lost the use of his left hand in a battle.*

manta f. (Spain)   blanket   Deje dos mantas en la cama, por favor.   *Please leave two blankets on the bed.*

mantener   to maintain, support   Mantiene a sus tres hermanos menores.   *He supports his three younger brothers.*

mañana f.   morning, tomorrow   Visitaremos el palacio mañana por la mañana.   *We'll visit the palace tomorrow morning.*

mapa m.   map   Un mapa de carreteras es útil.   *A highway map is useful.*

mar m.   sea   Me gusta caminar por las orillas del mar.   *I like to walk along the seashore.*

más   more   Esto es mejor pero es más caro.   *This is better but it's more expensive.*

me   (to) me   Me dijo que me ayudaría.   *He told me he would help me.*

media f.   stocking   Las medias de nilón son populares hoy día.   *Nylon stockings are popular these days.*

medianoche f.   midnight   En muchas discotecas la acción empieza a medianoche.   *In many discotheques the action begins at midnight.*

médico m.   doctor   No me siento bien. Llame al médico, por favor.   *I don't feel well. Call the doctor, please.*

medida f.   size, measurement   ¿Qué medida lleva usted?   *What size do you wear?*

medio   half   Vinieron a las diez y media.   *They came at half past ten.*

mediodía m.   noon   Podemos almorzar a mediodía.   *We can have lunch at noon.*

mejor   better, best   Será mejor dejarlo para mañana.   *It will be better to leave it for tomorrow.*

mejorar   to improve, feel better   Espero que mejore pronto.   *I hope you feel better soon.*

menor   smaller, smallest; younger, youngest   Tengo dos hermanas menores.   *I have two younger sisters.*

menos   less, least   ¿Tiene usted algo menos caro?   *Do you have something less expensive?*

mentira f.   lie   No hagas caso de las mentiras que dicen de ti.   *Don't pay attention to the lies they tell about you.*

menudo, a   often   A menudo llegaba tarde.   *He would often arrive late.*

mercado m.   market   Este mercado tiene todo lo que usted necesita.   *This market has everything you need.*

merecer   to deserve   Merece un premio por lo que ha hecho.   *He deserves a prize for what he's done.*

merienda f.   afternoon or morning snack   Como cenan tan tarde, toman una merienda a eso de las seis.   *Since they dine so late, they have an afternoon snack at about six.*

mes m.   month   Vamos a pasar el mes de enero en el sur.   *We're going to spend the month of January in the south.*

mesa f.   table   La mesa en el comedor es más grande.   *The table in the dining room is bigger.*

mesero (-a)   waiter, waitress   Los meseros tratan de servir rápidamente.   *The waiters are trying to serve quickly.*

meter   to put (in)   No sé donde metí mi cartera.   *I don't know where I put my wallet.*

método m.   method   Buscan un método más eficaz.   *They are looking for a more efficient method.*

metro m.   meter (1.1 yards); subway (Spain)   Hay mil metros en un kilómetro.   *There are a thousand meters in a kilometer.*

mi, mis   my   Quiero presentarle mi esposa y mis hijos.   *I want to introduce my wife and my children to you.*

miedo m.   fear   Tiene miedo de salir de noche.   *He's afraid to go out at night.*

miembro m.   member   ¿Es usted miembro de esta sociedad?   *Are you a member of this society?*

mientras (que)   while   Ella salió con el grupo mientras que yo descansaba.   *She went out with the group while I was resting.*

milagro m.   miracle   Es un milagro que no haya muerto.   *It's a miracle that I didn't die.*

milla f.   mile   ¿Cuántos kilómetros hay en diez millas?   *How many kilometers are there in ten miles?*

mío   mine   Estas maletas no son mías.   *These suitcases aren't mine.*

mirar   to look (at)   ¡Miren la hermosa puesta de sol!   *Look at the beautiful sunset!*

mismo   same, oneself   El guía mismo nos dijo la misma cosa.   *The guide himself told us the same thing.*

mitad f.   half   Le daré la mitad de todo lo que tengo.   *I will give you half of everything I have.*

moda f.   style, fashion   Estos vestidos ya no están de moda.   *These dresses are no longer in fashion.*

modo m.   way, manner   ¿De qué modo podemos arreglarlo?   *In what way can we arrange it?*

mojar   to wet   Lleva un paraguas si no quieres mojarte.   *Take an umbrella if you don't want to get wet.*

molestar   to disturb, bother, molest   Perdone si le molesto.   *Forgive me if I am disturbing you.*

molestia f.   bother   No es ninguna molestia.   *It's no bother at all.*

moneda f.   coin   Dale una moneda al mendigo.   *Give the beggar a coin.*

montaña f.   mountain   Hace más fresco en las montañas.   *It is cooler in the mountains.*

moreno   brunette, dark-complexioned   Dice que tiene muchas novias, rubias y morenas.   *He says he has many girlfriends, blondes and brunettes.*

morir   to die   El general murió en 1975.   *The general died in 1975.*

mostrar   to show   Muéstreme lo que tiene.   *Show me what you have.*

mozo m.   porter, young man   Busco un mozo para llevar mi equipaje.   *I am looking for a porter to take my luggage.*

muchacho (-a)   boy, girl   Los muchachos están jugando en la calle.   *The boys are playing in the street.*

mucho   much   Me divertí mucho. Muchas gracias.   *I enjoyed myself very much. Thanks a lot.*

mudar   to change, move   Lo siento, pero tenemos que mudar su habitación.   *I'm sorry, but we have to change your room.*

muebles m. pl.   furniture   Los muebles me parecen muy modernos.   *The furniture looks very modern to me.*

muerte f.   death   Vi el anuncio de su muerte en el periódico.   *I saw the announcement of his death in the newspaper.*

muerto dead   Estoy muerto de hambre.   *I'm starving to death.*

muestra f.   sample   Aquí tiene usted una muestra de nuestro trabajo. *Here you have a sample of our work.*

mujer f.   woman, wife   Buscan una mujer alta y delgada.   *They are looking for a tall, slender woman.*

multa f.   fine   Tuvo que pagar una multa.   *He had to pay a fine.*

mundo m.   world   Me gustaría viajar por todo el mundo.   *I'd like to travel all over the world.*

muñeca f.   doll   Estoy buscando una muñeca para mi sobrina.   *I'm looking for a doll for my niece.*

museo m.   museum   No hay bastante tiempo para visitar todos los museos.   *There isn't enough time to visit all the museums.*

música f.   music   Hay muchos programas de música en varios teatros. *There are many musical programs in a number of theaters.*

muy very   Estamos muy bien, gracias.   *We are very well, thank you.*

nacer to be born   ¿En qué año nació usted?   *In what year were you born?*

nada nothing   No le dije nada.   *I didn't tell him anything.*

nadar to swim   Dice que no sabe nadar.   *He says he doesn't know how to swim.*

Navidad f.   Christmas   ¡Feliz Navidad!   *Merry Christmas!*

nadie no one, nobody   No he visto a nadie todavía.   *I haven't seen anyone yet.*

nariz f.   nose   Tiene una nariz romana.   *She has a Roman nose.*

necesario necessary   ¿Son necesarias todas estas preparaciones?   *Are all these preparations necessary?*

necesitar to need   Necesitamos más tiempo para verlo todo.   *We need more time to see everything.*

negar to deny   Niegan que lo hayan robado.   *They deny that they stole it.*

negociante m.   businessman   Muchos negociantes usan este hotel.   *Many businessmen use this hotel.*

negocios m. pl.   business   Mi compañía tiene muchos negocios en su país.   *My company has a lot of business dealings in your country.*

nevar to snow   Nieva sólo en las montañas.   *It snows only in the mountains.*

ni neither, nor   No habla ni español ni francés.   *He speaks neither Spanish nor French.*

niebla f.   fog   Una espesa niebla cubría la montaña por la mañana.   *A thick fog was covering the mountain in the morning.*

nieve f.   snow   Al norte de Madrid, hay bastante nieve para esquiar.   *To the north of Madrid, there's enough snow to ski.*

ningún, ninguno   none   Ninguno de ellos sabía la respuesta.   *None of them knew the answer.*

niño (-a)   child, boy, girl   Es una niña muy mona.   *She's a very cute child.*

nivel m.   level   Estamos a mil metros sobre el nivel del mar.   *We're at a thousand meters above sea level.*

no   no, not   No, no puedo salir esta noche.   *No, I can't go out tonight.*

noche f.   night   ¿Qué vamos a hacer esta noche?   *What shall we do tonight?*

nombre m.   name   ¿Cuál es su nombre?   *What is your name?*

norte m.   north   No conocemos todavía el norte del país.   *We do not yet know the north of the country.*

nos   (to) us   Nos llamaron y nos invitaron a la fiesta.   *They called us and invited us to the party.*

nosotros (-as)   we   Nosotros queremos dormir pero ellos no nos dejan.   *We want to sleep but they don't let us.*

noticia f.   news, piece of news   Nos dio una mala noticia.   *He gave us a piece of bad news.*

novio (-a)   boyfriend, fiancé; girlfriend, fiancée   Mi hijo está muy enamorado de su novia.   *My son is very much in love with his girlfriend.*

nube f.   cloud   No hay ni una nube en el cielo.   *There's not a cloud in the sky.*

nublado   cloudy   Está nublado y parece que va a llover.   *It's cloudy and it looks as if it's going to rain.*

nuestro   our   Nuestro guía está muy bien preparado.   *Our guide is very well prepared.*

nuevo   new   ¿Qué hay de nuevo?   *What's new?*

número m.   number   ¿Cuál es su número de teléfono?   *What's your telephone number?*

nunca   never   No he estado nunca en Guatemala.   *I have never been to Guatemala.*

o   or, either   Estaremos aquí cuatro o cinco días.   *We'll be here four or five days.*

objeto m.   object, purpose   ¿Cuál es el objeto de su visita?   *What is the purpose of your visit?*

obligar   to oblige, force   Nos obligaron a tomar otra ruta.   *They forced us to take another route.*

obra f.   work   Sus mejores obras están en este museo.   *His best works are in this museum.*

obtener   to obtain, get   ¿Dónde podemos obtener un pase?   *Where can we get a pass?*

océano m.   ocean   El Océano Atlántico está entre América y Europa.   *The Atlantic Ocean is between America and Europe.*

ocupado busy, occupied Si no estoy ocupado mañana, tendré mucho gusto en ir con ustedes. *If I'm not busy tomorrow, I'll be very pleased to go with you.*

ocurrir to happen, occur Ay, ¿qué ocurrió? *Wow, what happened?*

odiar to hate Odio a los políticos corruptos. *I hate corrupt politicians.*

oeste m. west En el oeste tenemos los Andes. *To the west we have the Andes.*

oficina f. office Venga a verme en mi oficina. *Come to see me in my office.*

oído m. ear, hearing No tengo oído para la música. *I have no ear for music.*

oír to hear No oigo nada porque el tren está pasando. *I can't hear a thing because the train is going by.*

¡ojalá! I wish (that)! ¡Ojalá que lleguen pronto! *I wish they'd arrive soon!*

ojo m. eye Tengo algo en el ojo. *I have something in my eye.*

oler to smell Todo huele muy bien. *Everything smells very good.*

olor m. odor, smell Hay un mal olor de tabaco aquí. *There is a bad tobacco odor here.*

olvidar to forget Recuerdo su cara pero olvidé su nombre. *I remember his face but I forgot his name.*

onza ounce Una onza de este perfume cuesta cincuenta dólares. *An ounce of this perfume costs fifty dollars.*

oportunidad f. opportunity No pierdan esta oportunidad. *Don't miss this opportunity.*

orden m. order, sequence Los arregló en orden alfabético. *He arranged them in alphabetical order.*

orden f. command, order (business) Lo hizo según la orden que le dio su jefe. *He did it in accordance with the order that his boss gave him.*

ordenador m. computer Hasta los niños en la escuela primaria aprenden a usar el ordenador. *Even children in elementary school learn to use the computer.*

oreja f. ear Tiene las orejas muy grandes. *He has very big ears.*

oro m. gold Los aretes de oro cuestan más. *The gold earrings cost more.*

otro other, another No puedo comer otra cosa. *I can't eat another thing.*

pagar to pay Hay que pagar la cuenta. *We have to pay the bill.*

página f. page ¿En qué página está? *On what page is it?*

país m. country Me gustaría visitar todos los países de Latinoamérica. *I'd like to visit all the countries of Latin America.*

paisaje m. landscape Es un paisaje muy pintoresco. *It's a very picturesque landscape.*

palabra f. word Nunca he oído esa palabra. *I've never heard that word.*

palacio m. palace No dejen de visitar el Palacio Real. *Don't fail to visit the Royal Palace.*

pálido pale Se puso pálido cuando oyó la noticia. *He became pale when he heard the news.*

pantalones m. pl. pants, trousers ¿Venden pantalones en una camisería? *Do they sell pants in a haberdashery?*

pañuelo m. handkerchief Mete el pañuelo en tu bolsillo. *Put your handkerchief in your pocket.*

papel m. paper No deje los papeles en la mesa. *Don't leave the papers on the table.*

paquete m. package ¿Puedo dejar aquí este paquete? *May I leave this package here?*

par m. pair Necesito un par de calcetines. *I need a pair of socks.*

para for, in order to Salió para España para estudiar en la universidad. *He left for Spain in order to study at the university.*

parada f. stop La parada del autobús está en la próxima esquina. *The bus stop is on the next corner.*

paraguas m. umbrella Cuando está nublado, es una buena idea llevar un paraguas. *When it's cloudy, it's a good idea to take an umbrella.*

parar to stop Pare aquí por un minuto. *Stop here for a minute.*

parecer to seem Parece que no vienen. *It seems that they're not coming.*

pared f. wall Yo colgaría un cuadro en esa pared. *I would hang a picture on that wall.*

pariente m. & f. relative Tiene parientes en todas partes del mundo. *He has relatives all over the world.*

parque m. park No corras en el parque por la noche. *Don't run in the park at night.*

párrafo m. paragraph Podemos eliminar el último párrafo. *We can drop the last paragraph.*

parte f. part ¿Qué parte quiere usted? *What part do you want?*

partido m. game (match), party (political) Creo que el partido republicano va a ganar. *I think the Republican party is going to win.*

pasado past, last Vinimos la semana pasada. *We came last week.*

pasajero m. passenger Todos los pasajeros tienen que bajar aquí. *All passengers have to get off here.*

pasar to pass, spend No sabemos todavía donde vamos a pasar las vacaciones. *We still don't know where we're going to spend our vacation.*

paseo m. walk, ride Vamos a dar un paseo por el parque. *Let's take a walk through the park.*

pasillo m. aisle, corridor El pasillo es muy estrecho. *The aisle is very narrow.*

paso m. pace, opening Después de dar dos pasos tropezó y cayó. *After taking two steps, he tripped and fell.*

pastilla f. tablet, lozenge Tome dos pastillas y llámeme por la mañana. *Take two tablets and call me in the morning.*

patrón m. boss, owner El patrón trabaja tanto como sus obreros. *The boss works as hard as his workers.*

paz f. peace Déjenme en paz; estoy cansado. *Leave me in peace; I'm tired.*

peatón m. pedestrian El tráfico para para dejar pasar a los peatones. *The traffic stops to let the pedestrians cross.*

pecado m. sin No es un pecado tan grave. *It is not such a serious sin.*

pecho m. chest (human body) Si siente un dolor en el pecho, llame en seguida al médico. *If you feel a pain in the chest, call the doctor at once.*

pedazo m. piece Se cortó la mano en un pedazo de metal. *He cut his hand on a piece of metal.*

pedir to ask for, order Quisiera pedirle un favor. *I'd like to ask you for a favor.*

pegar to hit, paste Pegaron un cartel en la pared. *They pasted a sign on the wall.*

película f. movie, film Me gusta ir al cine cuando dan una buena película. *I like to go to the movies when they show a good film.*

peligro m. danger No comprendió el peligro que le amenazaba. *He didn't understand the danger that was threatening him.*

peligroso dangerous Es peligroso estar en el parque de noche. *It's dangerous to be in the park at night.*

pelo m. hair Tengo que cortarme el pelo. *I have to have my hair cut.*

pelota f. ball Los niños están jugando a la pelota. *The children are playing ball.*

pena f. ache, grief Me da pena verte así. *It grieves me to see you like this.*

pendientes m. pl. earrings Busco unos pendientes como regalo para mi novia. *I'm looking for earrings as a gift for my girlfriend.*

pensar to think, intend ¿Qué piensan ustedes hacer esta noche? Yo pienso que nos quedamos en casa. *What do you intend to do tonight? I think we'll stay home.*

pensión f. boardinghouse Por lo general, las pensiones son más baratas que los hoteles. *In general, boardinghouses are cheaper than hotels.*

peor worse, worst ¿Cómo se siente usted, mejor o peor? *How do you feel, better or worse?*

pequeño small, little Esta habitación es demasiado pequeña. *This room is too small.*

perder to lose, miss Perdí el tren y tuve que tomar un autobús. *I missed the train and had to take a bus.*

perdón m. pardon (me), forgiveness Me pidió perdón por lo que había hecho. *He asked me for forgiveness for what he had done.* Perdón, no quería interrumpir. *Pardon me, I didn't mean to interrupt.*

periódico m. newspaper Voy a comprar dos periódicos, uno en inglés y otro en español. *I'm going to buy two newspapers, one in English and another in Spanish.*

permanecer to remain, stay ¿Cuánto tiempo piensan permanecer aquí? *How long do you plan to stay here?*

permiso m. permission, pass Con permiso, déjenme pasar. *With your permission (excuse me), let me through.*

permitir to permit, allow No nos permitieron entrar. *They didn't let us in.*

pero but Quisiéramos visitar otras ciudades, pero no tenemos tiempo. *We'd like to visit other cities, but we don't have time.*

pertenecer to belong ¿A quién pertenecen estos documentos? *To whom do these documents belong?*

pesado heavy No puedo levantar una maleta tan pesada. *I can't lift such a heavy suitcase.*

pesar to weigh Tenemos que pesar el equipaje. *We have to weigh the luggage.*

peso m. weight En España el peso se expresa en kilos. *In Spain weight is expressed in kilos.*

picante hot, spicy Dígale al camarero si quiere un plato menos picante. *Tell the waiter if you want a less spicy dish.*

pico peak, a little Son las siete y pico. *It's a little after seven.*

pie m. foot Me duelen los pies después de caminar tanto. *My feet hurt after walking so much.*

piedra f. stone La casa está construida de piedra. *The house is built of stone.*

piel f. skin Cuida mucho de su piel. *She takes good care of her skin.*

pierna f. leg Me duele la pierna izquierda. *My left leg hurts.*

píldora f. pill El médico me recetó algunas píldoras. *The doctor prescribed some pills for me.*

pintar to paint Un artista inspirado pinta día y noche. *An inspired artist paints day and night.*

pintoresco picturesque Estas aldeas son muy pintorescas. *These villages are very picturesque.*

pintura f. painting En estas salas tenemos las pinturas de Goya. *In these rooms we have the paintings of Goya.*

piscina f. swimming pool Cuando hace calor, me refresco en la piscina. *When it's hot, I cool off in the pool.*

piso m. floor, apartment Este edificio tiene seis pisos. *This building has six floors.*

planchar	to iron, press	¿Me pueden limpiar y planchar estos pantalones?	*Can you clean and press these pants for me?*

plano m.	map	Siempre llevo conmigo el plano del metro.	*I always carry the subway map with me.*

plata f.	silver, money	Encontraron minas de plata en México y Perú.	*They found silver mines in Mexico and Peru.*

plátano m.	banana	Para el desayuno hoy comí dos plátanos.	*For breakfast today I ate two bananas.*

plato m.	plate, dish	El plato del día tiene un precio reducido.	*The daily special has a lower price.*

playa f.	beach	Vaya a la playa si quiere nadar en el mar.	*Go to the beach if you want to swim in the ocean.*

plaza f.	plaza, public square	Algunas de las plazas tienen monumentos impresionantes.	*Some of the plazas have impressive monuments.*

pluma f.	pen, feather	Firme con pluma, por favor.	*Sign with a pen, please.*

pobre	poor	Son tan pobres que no tienen bastante para comer.	*They are so poor that they don't have enough to eat.*

poco	little, small amount	Un poco más, por favor.	*A little more, please.*

poder	to be able to, can	¿Podemos contar con usted?	*Can we count on you?*

poesía f.	poetry	La poesía de Lope es bellísima.	*The poetry of Lope is most beautiful.*

policía f.	police	La policía vino en seguida.	*The police came at once.*

policía m. & f.	police officer	Dos policías arrestaron al criminal.	*Two policemen arrested the criminal.*

poner	to put, place ¿Puedo poner mis cosas aquí? *Can I put my things here?*

por	for, by, in exchange for	La carta fue escrita por su amigo.	*The letter was written by his friend.*

porque	because	No voy porque no quiero ir.	*I'm not going because I don't want to go.*

¿por qué?	why? ¿Por qué no me avisaron?	*Why didn't they let me know?*

portero m.	doorman, porter	El portero nos buscará un taxi.	*The doorman will get us a cab.*

precio m.	price	Buscamos un restaurante con precios módicos.	*We are looking for a restaurant with moderate prices.*

pregunta f.	question	Es una pregunta que no pudo contestar.	*It's a question he couldn't answer.*

preguntar	to ask	Pregúntele al policía donde está el banco.	*Ask the policeman where the bank is.*

premio m.	prize, award	Su novela recibió el premio de literatura el año pasado.	*His novel received the literature prize last year.*

preocuparse   to worry   No se preocupe por eso.   *Don't worry about that.*

preparar   to prepare   Ya han preparado las habitaciones.   *They've already prepared the rooms.*

prestar   to lend   ¿Me puede prestar cien dólares?   *Can you lend a hundred dollars?*

presupuesto m.   budget   Tuvieron que cancelar algunos programas por problemas del presupuesto.   *They had to cancel some programs because of budget problems.*

primer, primero   first   El primero de enero es el primer día del año nuevo.   *January 1st is the first day of the new year.*

prisa f.   hurry   Tengo prisa porque ya es tarde.   *I'm in a hurry because it's late already.*

probar   to taste, prove   Pruebe usted esto; a ver si le gusta.   *Try this; let's see if you like it.*

problema m.   problem   ¿Cómo vamos a resolver todos estos problemas?   *How are we going to resolve all these problems?*

prohibir   to prohibit, forbid   Se prohibe fijar carteles.   *Post no bills.*

promesa f.   promise   Nunca cumple su promesa.   *He never keeps his promise.*

prometer   to promise   Prometo volver temprano.   *I promise to return early.*

pronto   soon   Deben llegar muy pronto.   *They should arrive very soon.*

propiedad f.   property   Es una propiedad muy valiosa.   *It's a very valuable property.*

propietario m.   owner, proprietor   El propietario no quiere vender.   *The owner doesn't want to sell.*

propina f.   tip   Una propina de diez por ciento basta.   *A ten percent tip is enough.*

propósito m.   purpose   ¿Cuál es el propósito de su visita?   *What is the purpose of your visit?*

proteger   to protect   Quiere proteger nuestros intereses.   *He wants to protect our interests.*

provecho m.   profit, benefit   No saco ningún provecho de este negocio.   *I don't make any profit from this deal.*

próximo   next   Hay un banco en la próxima esquina.   *There is a bank at the next corner.*

proyecto m.   project   El senado aprobó este proyecto.   *The senate approved this project.*

prueba f.   proof, test   ¿Qué prueba tiene usted?   *What proof do you have?*

pueblo m.   village, town   Hay muchos pueblos tranquilos y pintorescos en el sur.   *There are many quiet, picturesque villages in the south.*

puente m.   bridge   El puente fue destruido durante la guerra.   *The bridge was destroyed during the war.*

puerta f.   door   La puerta estaba cerrada cuando llegamos.   *The door was closed when we arrived.*

puerto m.   port, harbor   Barcelona es el puerto principal de España.   *Barcelona is the principal port of Spain.*

puesto m.   post, stand, job, position   ¿Qué clase de puesto busca?   *What kind of job are you looking for?*

pulsera f.   bracelet   Una pulsera de plata es un bonito regalo.   *A silver bracelet is a pretty gift.*

punto m.   point, dot   Tienen que aclarar varios puntos.   *They have to clarify several points.*   Llegué a las dos en punto.   *I arrived at two o'clock sharp.*

que   that, which, who   Yo no sabía que ellos estaban aquí.   *I didn't know that they were here.*

¿qué?   what?   ¿Qué quiere usted saber?   *What do you want to know?*

quedar   to remain, be left   ¿Cuánto tiempo nos queda?   *How much time do we have left?*

queja f.   complaint   Hay más quejas en este departamento que en ningún otro.   *There are more complaints in this department than in any other.*

quejarse   to complain   ¿De qué se quejan ustedes?   *What are you complaining about?*

quemar   to burn   Cuidado, no quemes la comida.   *Careful, don't burn the meal.*

querer   to want, wish, love   ¿Qué quieren hacer hoy?   *What do you want to do today?*

quien   who, whom   La chica con quien salí anoche se llama Luisa.   *The girl I went out with last night is called Luisa.*

¿quién?   who, whom?   ¿Quién llamó?   *Who called up?*

quitar   to take away   Por favor, quite este plato sucio.   *Please take away this dirty plate.*

quitarse   to take off (clothing)   Se quitaron los zapatos antes de entrar.   *They took off their shoes before entering.*

quizás   perhaps   Ella siempre me contesta: quizás, quizás.   *She always answers me: perhaps, perhaps.*

rápido   rapid, quick   Fue una decisión muy rápida.   *It was a very quick decision.*

rato   while   Tuvimos que esperar un rato.   *We had to wait for a while.*

razón f.   reason   Tendrá sus razones por haberlo hecho así.   *He must have his reasons for having done it this way.*

razón, tener to be right   Él cree que siempre tiene razón.   *He thinks he's always right.*

real royal   La familia real se va de Madrid en el verano.   *The royal family leaves Madrid in the summer.*

recado m.   message   Deje un recado en la recepción.   *Leave a message at the (hotel) desk.*

receta f.   recipe, prescription   Lleve la receta a una farmacia.   *Bring the prescription to a pharmacy.*

recibir to receive   Espero recibir una carta importante hoy.   *I expect to receive an important letter today.*

recibo m.   receipt   Necesito un recibo para la aduana.   *I need a receipt for customs.*

reconocer to recognize   Le reconocí en seguida pero no recuerdo su nombre.   *I recognized him at once but I don't remember his name.*

recordar to remember   ¿Recuerda usted lo que dijo el guía?   *Do you remember what the guide said?*

recuerdo remembrance, regards, souvenir   Recuerdos a todos en casa.   *Regards to all at home.*

rechazar to reject   Rechazaron nuestra solicitud.   *They rejected our request.*

regalo m.   gift   Hay muchas tiendas donde se pueden comprar regalos.   *There are many stores where you can buy gifts.*

régimen m.   regime, diet   Bajo el antiguo régimen no había tanto crimen.   *Under the old regime there wasn't so much crime.*

regla f.   rule, regulation   Tenemos que obedecer las reglas.   *We have to obey the rules.*

regresar to return, come back, go back   Esperamos regresar el año que viene.   *We hope to return next year.*

regular regular, O.K.   ¿Cómo se siente usted? Regular.   *How do you feel? O.K.*

reina f.   queen   Recomiendo una visita al museo Reina Sofía.   *I recommend a visit to the Queen Sophia Museum.*

reír(se) to laugh   ¿De qué se ríe usted?   *What are you laughing at?*

reloj m.   clock, watch   Mi reloj no anda bien.   *My watch isn't going right.*

remedio m.   remedy, cure   No hay remedio para esa enfermedad.   *There is no remedy for that illness.*

renglón m.   line   ¿En qué renglón está esa frase?   *On what line is that sentence?*

repente, de suddenly   De repente apareció el niño.   *Suddenly the child appeared.*

repetir to repeat   ¿Quiere usted repetir lo que dijo?   *Will you repeat what you said?*

resfriado m.   cold (respiratory)   No se acerque; tengo un resfriado contagioso.   *Don't come near me; I have a contagious cold.*

respirar to breathe Respire usted fuerte, por favor. *Breathe deeply, please.*

responder to answer, reply Les escribí varias veces, pero no respondieron. *I wrote to them several times, but they didn't answer.*

respuesta f. answer, reply Esperamos su respuesta. *We are awaiting their reply.*

retraso m. delay El tren llegó con un retraso de dos horas. *The train arrived with a two-hour delay.*

retrato m. picture (of people), portrait Lleva un retrato de su esposa e hijos en su cartera. *He carries a picture of his wife and children in his wallet.*

reunión f. meeting, reunion Es una reunión de profesores de lenguas modernas. *It's a meeting of modern-language teachers.*

revelar to reveal, develop (film) ¿Cuánto cuesta revelar un rollo? *What's the charge for developing a roll?*

revista f. magazine Se venden revistas de todas partes en esta tienda. *They sell magazines from all over in this store.*

rey m. king El Rey Juan Carlos es el nieto del Rey Alfonso XIII (trece). *King Juan Carlos is the grandson of King Alfonso XIII.*

rico rich, delicious Deben ser ricos si viven en este palacio. *They must be rich if they live in this palace.*

rincón m. corner Pueden poner una silla pequeña en este rincón. *You can put a small chair in this corner.*

río m. river No hay muchos ríos navegables en España. *There aren't many navigable rivers in Spain.*

robar to rob, steal Le robaron todo lo que tenía. *They robbed him of everything he had.*

rodilla f. knee Se puso de rodillas y pidió perdón. *He got down on his knees and asked for forgiveness.*

romper to break, tear Cuidado, no rompa nada. *Be careful, don't break anything.*

ropa f. clothing, clothes No es necesario traer mucha ropa. *It isn't necessary to bring a lot of clothes.*

roto broken Esa silla está rota. *That chair is broken.*

ruido m. noise El ruido de los aviones me vuelve loco. *The airplane noise drives me crazy.*

ruta f. route . Tuvimos que cambiar de ruta por la construcción. *We had to change our route because of the construction.*

sábana f. (bed)sheet No cambian las sábanas todos los días. *They don't change the sheets everyday.*

saber to know No sabemos si viene o no. *We don't know if he's coming or not.*

sacar to take out   Sacó todo el dinero que tenía.   *He took out all the money he had.*

saco m.   bag, sack; jacket (Spanish America)   Examinan todos los sacos al entrar en ese edificio.   *They examine all bags on entering that building.*

sala f.   living room   Recibimos a nuestros huéspedes en la sala.   *We receive our guests in the living room.*

salida f.   exit   La salida está a la izquierda.   *The exit is on the left.*

salir to leave, go out   ¿Cuándo sale el último tren?   *When does the last train leave?*

salón m.   salon, classroom   Nuestra clase de matemáticas está en el salón 12 (doce).   *Our math class is in room 12.*

salud f.   health   Come bien y goza de buena salud.   *He eats well and enjoys good health.*

saludar to greet   Nos saludó y hablamos por algunos minutos.   *He greeted us and we spoke for a few minutes.*

saludo m.   greeting, regards   Saludos a la familia.   *Regards to the family.*

sangre f.   blood   Perdió mucha sangre durante la operación.   *He lost a lot of blood during the operation.*

satisfecho satisfied   No estamos satisfechos con la excursión de hoy.   *We aren't satisfied with today's excursion.*

se himself, herself, yourself, themselves, yourselves, oneself, one another   No se ven mucho pero se escriben todos los días.   *They don't see each other often but they write to each other every day.*

secar to dry   Tenemos que lavar y secar los platos.   *We have to wash and dry the dishes.*

seco dry   La ropa ya está seca.   *The clothing is dry already.*

sed f.   thirst   Cuando hace calor siempre tengo sed.   *When it's hot I'm always thirsty.*

seda f.   silk   Busca unas corbatas de seda.   *She is looking for some silk ties.*

seguir to follow, continue   Sígame y le indicaré el número que busca.   *Follow me and I'll point out the number you're looking for.*   Siga leyendo.   *Go on reading.*

según according to   Según el presidente, no hay nada que temer.   *According to the president, there is nothing to fear.*

segundo m.   second   Un segundo, por favor. Estoy ocupado.   *One second, please. I'm busy.*

seguro sure, certain   Estaba seguro de que lo tenía conmigo.   *I was sure that I had it with me.*

seguro m.   insurance   ¿Tiene seguro sobre la vida?   *Do you have life insurance?*

sello m.   stamp   Cinco sellos de correo aéreo para los Estados Unidos.   *Five airmail stamps to the United States.*

semana f. week Vamos a pasar dos semanas en la capital. *We're going to spend two weeks in the capital.*.

sencillo simple, plain Nuestro plan es muy sencillo. *Our plan is very simple.*

sentarse to sit down Siéntense, por favor, empezamos pronto. *Sit down, please, we're beginning soon.*

sentir to be sorry Lo siento, pero no puedo venir. *I'm sorry, but I can't come.*

sentirse to feel Como no se sentía bien, decidió quedarse en casa. *Since he wasn't feeling well, he decided to stay home.*

señal f. signal Vamos a arreglar una señal en caso de emergencia. *Let's arrange a signal in case of emergency.*

señor m. gentleman, sir, Mr. ¿Está el señor López? Sí, señor. *Is Mr. López in? Yes, sir.*

señora f. lady, madam, Mrs. La señora Blanco es mi profesora de arte. *Mrs. Blanco is my art teacher.*

señorita f. young lady, Miss ¿Puedo hablar con la señorita Ortiz? *May I speak with Miss Ortiz?*

separar to separate Los Pirineos separan España de Francia. *The Pyrenees separate Spain from France.*

ser to be ¿Cuál es su profesión? Soy arquitecto. *What's your profession? I am an architect.*

serio serious Es un problema muy serio. *It's a very serious problem.*

servicio m. service, restroom El servicio es muy lento hoy. *The service is very slow today.*

servilleta f. napkin Se me cayó la servilleta. *I dropped my napkin.*

servir to serve ¿A quién sirvo primero? *Whom shall I serve first?*

si if, whether No sé si vienen con nosotros. *I don't know if they're coming with us.*

sí yes Él dijo que sí, pero yo tengo mis dudas. *He said yes, but I have my doubts.*

siempre always Siempre llega a las nueve en punto. *He always arrives at nine sharp.*

siglo m. century Es especialista en la literatura del siglo XX (viente). *He is a specialist in twentieth-century literature.*

significar to mean ¿Qué significa esta palabra? *What does this word mean?*

siguiente following, next Primero visitamos el palacio, y el día siguiente fuimos al museo. *First we visited the palace, and the next day we went to the museum.*

silla f. chair Esta silla no es muy cómoda. *This chair isn't very comfortable.*

simpático nice, pleasant, congenial Todos sus parientes parecen muy simpáticos. *All of your relatives seem very nice.*

sin without No se vayan sin mí. *Don't leave without me.*

sitio m. place, spot Es un sitio ideal para pasar las vacaciones. *It's an ideal place to spend a vacation.*

sobre over, about, on Hablaron sobre un tema que me interesa mucho. *They spoke about a topic that interests me very much.*

sobre m. envelope Necesito un sobre para esta carta. *I need an envelope for this letter.*

sol m. sun Hay que cuidarse cuando hace mucho sol. *You have to be careful when it's very sunny.*

solamente only Solamente una vez y nada más. *Only once and no more.*

solo alone La dejaron sola por dos días. *They left her alone for two days.*

sólo only Sólo usted puede ayudarme. *Only you can help me.*

soltero m. bachelor, unmarried Mi hermano mayor es soltero pero contento. *My older brother is unmarried but happy.*

sombra f. shade, shadow Busque un lugar a la sombra. *Look for a place in the shade.*

sombrero m. hat Los jóvenes casi nunca llevan sombrero. *Young men almost never wear hats.*

sonreír to smile Hay que sonreír cuando sacan una foto. *You have to smile when they take a picture.*

su his, her, your, their Me presentó a su cuñado. *He introduced me to his brother-in-law.*

subir to go up Tengo que usar el ascensor para subir. *I have to use the elevator to go up.*

sucio dirty Estos platos están sucios. *These dishes are dirty.*

suelo m. floor No tires los papeles al suelo. *Don't throw the papers on the floor.*

sueño m. sleep, dream Tengo sueño pero no puedo dormir. *I'm sleepy but I can't sleep.*

suerte f. luck ¡Qué suerte encontrarte aquí! *What luck to find you here!*

supuesto, por of course Por supuesto iré con usted. *Of course I'll go with you.*

sur m. south Pensamos pasar el invierno en el sur. *We intend to spend the summer in the south.*

tabaco m. tobacco Generalmente, uno puede comprar sellos en una tienda de tabacos. *Generally, one can buy stamps in a tobacco shop.*

tal such Nunca hemos visto tal cosa. *We've never seen such a thing.* ¿Qué tal? *How are things? How are you?*

talla f. size ¿Qué talla busca usted? *What size are you looking for?*

tamaño m.   size   ¿Qué tamaño usa usted?   *What size do you wear?*

también   also, too   Habla inglés, español y también un poco de francés.   *He speaks English, Spanish and also a little French.*

tampoco   neither   Yo no entendí nada.   Ni yo tampoco.   *I didn't understand a thing. Neither did I.*

tapas f. pl.   snacks, appetizers (at a bar)   Van de cafetería en cafetería probando las tapas.   *They're going from bar to bar tasting the appetizers.*

taquilla f.   ticket office, box office   Es la cola para la taquilla.   *It's the line for the box office.*

tarde   late   No llegue tarde.   *Don't arrive late.*

tarde f.   afternoon   Empezamos a las cuatro de la tarde.   *We begin at four* P.M.

tarjeta f.   card   Mandaré un tarjeta postal cada semana.   *I'll send a postcard every week.*

taza f.   cup   Una taza de té con limón, por favor.   *A cup of tea with lemon, please.*

teatro m.   theater   ¿En qué teatro dan la última comedia de Buero?   *In what theater are they performing Buero's latest play?*

techo m.   ceiling, roof   Tenemos que pintar el techo cada cinco años.   *We have to paint the ceiling every five years.*

tela f.   cloth, material   Es una tela muy fina.   *It's a very fine material.*

teléfono m.   telephone   Busco una cabina de teléfonos.   *I am looking for a telephone booth.*

temprano   early   Nos levantamos temprano en el verano.   *We get up early in the summer.*

tenedor m.   fork   Tráigame otro tenedor, por favor.   *Please bring me another fork.*

tener   to have   Tengo mucho que hacer.   *I have a lot to do.*

tiempo m.   time, weather   No tengo tiempo para verlo todo.   *I don't have time to see it all.*   ¿Qué tiempo hace en julio?   *How is the weather in July?*

tienda f.   store, shop   Hay muchas tiendas en esta calle.   *There are many stores on this street.*

tierra f.   land, earth   Es difícil cultivar esta tierra.   *It's difficult to cultivate this land.*

tijeras f. pl.   scissors   Es útil traer tijeras si hay que cortar algo.   *It's useful to bring scissors in case you have to cut something.*

tinta f.   ink   Hay que firmar con tinta.   *You have to sign in ink.*

típico   typical   Quisiéramos probar una comida típica de esta región.   *We'd like to try a typical meal of this region.*

tirar   to throw, pull   No tires arena, chico.   *Don't throw sand, kid.*

toalla f.   towel   ¿Cuándo cambian las toallas?   *When do they change the towels?*

tocar   to touch, play (an instrument)   No le toque cuando está tocando el piano.   *Don't touch him when he's playing the piano.*

todavía   still, yet   No han llegado todavía.   *They haven't arrived yet.*

todo   all, everything   Nos enseñó todo lo que sabía.   *He taught us all that he knew.*

todos pl.   all, everybody   Ya estamos todos.   *We're all here now.*

tomar   to take, eat, drink   ¿Qué vamos a tomar?   *What are we going to have (to eat, drink)?*

tormenta f.   storm   Necesitamos una tormenta para romper el calor.   *We need a storm to break the heat.*

toro m.   bull   La corrida de toros es popular en algunos países.   *Bullfighting is popular in some countries.*

torre f.   tower   Lo encarcelaron en la torre.   *They imprisoned him in the tower.*

tos f.   cough   Tienes que tomar algo para esa tos.   *You must take something for that cough.*

trabajar   to work   Trabaja más de cuarenta horas por semana.   *He works more than forty hours a week.*

trabajo m.   work   No puedo terminar todo este trabajo en dos días.   *I can't finish all this work in two days.*

traducir   to translate   ¿Puede usted traducir lo que él ha dicho?   *Can you translate what he said?*

traer   to bring   Creo que he traído demasiada ropa.   *I think I brought too much clothing.*

traje m.   suit, attire   Un traje basta para este viaje.   *One suit is sufficient for this trip.*

tranquilo   tranquil, calm, quiet   Todo está muy tranquilo ahora.   *Everything is very quiet now.*

tratar   to try   Traten de escribir claramente.   *Try to write clearly.*

tren m.   train   Los trenes generalmente llegan a tiempo.   *The trains generally arrive on time.*

triste   sad   Se puso triste cuando oyó la noticia.   *He became sad when he heard the news.*

tu   your   Tienes tu pasaporte?   *Do you have your passport?*

tú   you   El último en llegar eres siempre tú.   *You're always the last to arrive.*

último   last   Es la última vez que vengo aquí.   *It's the last time I'm coming here.*

un m., **una** f.   a, an   Tengo un lápiz y una pluma.   *I have a pencil and a pen.*

unos m., **unas** f.   some   Busco unos guantes de cuero.   *I'm looking for some leather gloves.*

usar to use Hace años que uso este producto. *I've been using this product for years.*

usted (Ud., Vd.); ustedes (Uds., Vds.) pl. you ¿Cómo está usted hoy? *How are you today?*

útil useful Es útil saber varios idiomas. *It's useful to know several languages.*

vacaciones f. pl. vacation Vamos a tomar nuestras vacaciones en agosto. *We're going to take our vacation in August.*

vacío empty El restaurante está medio vacío hoy. *The restaurant is half empty today.*

vale (Spain) O.K., goodbye Dijo "vale" y se fue. *He said "O.K." and left.*

valer to be worth, to cost ¿Cuánto vale esta camisa? *How much does this shirt cost?*

valle m. valley El Valle de los Caídos es un monumento a los soldados de la Guerra Civil. *The Valley of the Fallen is a monument to the soldiers of the Civil War.*

varios several Varios amigos nuestros han recomendado este hotel. *Several friends of ours have recommended this hotel.*

vaso m. glass (tumbler) Un vaso de agua mineral, por favor. *A glass of mineral water, please.*

vecino m. neighbor Tenemos muy buenos vecinos. *We have very good neighbors.*

velocidad f. speed ¿Cuál es la velocidad máxima? *What's the speed limit?*

vender to sell La tela que venden aquí es de buena calidad. *The material that they sell here is of good quality.*

venir to come ¿Por qué no vienen ustedes con nosotros? *Why don't you come with us?*

ventaja f. advantage Tiene una ventaja porque habla español. *She has an advantage because she speaks Spanish.*

ventana f. window Las ventanas de nuestra sala dan al parque. *Our living-room windows face the park.*

ver to see ¿Vieron ustedes lo que pasó? *Did you see what happened?*

veras, de really De veras, yo no sé nada. *Really, I don't know anything.*

verdad f. truth No sabemos si nos dijo la verdad o no. *We don't know if he told us the truth or not.*

verdadero true, real Es un verdadero placer estar aquí con ustedes. *It's a real pleasure to be here with you.*

vergüenza f. shame Tengo vergüenza de decir que no lo he terminado. *I'm ashamed to say that I haven't finished it.*

vestido m. dress ¡Qué vestido elegante lleva! *What an elegant dress she's wearing!*

vestirse to get dressed Me vestí rápidamente porque era tarde. *I got dressed quickly because it was late.*

vez f. time (occasion) Una vez no basta. *Once isn't enough.*

viajar to travel Se aprende mucho viajando. *You learn a lot by traveling.*

viaje m. trip Fue un viaje lleno de aventuras. *It was a trip full of adventures.*

viajero m. traveler, passenger Los viajeros tienen que conservar sus billetes. *The passengers have to hold onto their tickets.*

vida f. life ¿Qué es la vida? La vida es sueño. *What is life? Life is a dream.*

viejo old Es una vieja costumbre de esta región. *It's an old custom of this region.*

viento m. wind Hay mucho viento en el mes de marzo. *It's very windy in the month of March.*

vista f. sight, view Tenemos una vista magnífica de las montañas. *We have a magnificent view of the mountains.*

vivir to live Vivimos aquí todo el año. *We live here all year long.*

volar to fly Si volamos, estaremos allí en tres horas. *If we fly, we'll be there in three hours.*

volver to come back, return Vuelva usted mañana. *Come back tomorrow.*

votar to vote Todos los ciudadanos tienen la obligación de votar. *All citizens have the obligation to vote.*

voz f. voice Hable en voz más alta, por favor. *Speak louder, please.*

vuelo m. flight Espero que llegue en el próximo vuelo. *I hope he arrives on the next flight.*

vuelta f. change, turn, stroll Quédese con la vuelta. *Keep the change.*

vuelta, de back Estaré de vuelta a las cinco. *I'll be back at five.*

y and Es para usted y su familia. *It's for you and your family.*

ya already Ya lo sabíamos antes de leer la noticia en el periódico. *We already knew it before reading the item in the newspaper.*

yo I Yo no sé qué hacer. *I don't know what to do.*

zapato m. shoe Quítese los zapatos porque están sucios. *Take off your shoes because they're dirty.*

Category Section

La familia *The family*

abuelo (-a) *grandfather, grand-mother*
cuñado (-a) *brother-in-law, sister-in-law*
esposo (-a) *husband, wife*
hermano (-a) *brother, sister*
hijo (-a) *son, daughter*
madre *mother*
nieto (-a) *grandson, granddaughter*

nuera *daughter-in-law*
padre *father*
primo (-a) *cousin*
sobrino (-a) *nephew, niece*
suegro (-a) *father-in-law, mother-in-law*
tío (-a) *uncle, aunt*
yerno *son-in-law*

Los días de la semana *The days of the week*

lunes m. *Monday*
martes m. *Tuesday*
miércoles m. *Wednesday*
jueves m. *Thursday*

viernes m. *Friday*
sábado m. *Saturday*
domingo m. *Sunday*

Los meses del año *The months of the year*

enero *January*
febrero *February*
marzo *March*
abril *April*
mayo *May*
junio *June*

julio *July*
agosto *August*
septiembre *September*
octubre *October*
noviembre *November*
diciembre *December*

Las estaciones   *The seasons*

la primavera   *spring*
el verano   *summer*

el otoño   *autumn*
el invierno   *winter*

Los números   *The numbers*

uno   *1*
dos   *2*
tres   *3*
cuatro   *4*
cinco   *5*
seis   *6*
siete   *7*
ocho   *8*
nueve   *9*
diez   *10*
once   *11*
doce   *12*
trece   *13*
catorce   *14*
quince   *15*
diez y seis   *16*
diez y siete   *17*
diez y ocho   *18*
diez y nueve   *19*
veinte   *20*
veintiuno   *21*
veintidós   *22*
treinta   *30*

treinta y uno   *31*
treinta y dos   *32*
cuarenta   *40*
cincuenta   *50*
sesenta   *60*
setenta   *70*
ochenta   *80*
noventa   *90*
cien, ciento   *100*
ciento uno   *101*
ciento dos   *102*
doscientos   *200*
trescientos   *300*
cuatrocientos   *400*
quinientos   *500*
seiscientos   *600*
setecientos   *700*
ochocientos   *800*
novecientos   *900*
mil   *1000*
dos mil   *2000*
cien mil   *100,000*
un millón   *1,000,000*

Colores   *Colors*

el color   *the color*
amarillo   *yellow*
anaranjado   *orange*
azul   *blue*
blanco   *white*
café   *brown*
castaño   *brown*

gris   *gray*
morado   *purple*
negro   *black*
pardo   *dark gray; brown*
rojo   *red*
rosado   *pink*
verde   *green*

Comida   *Food*

aceite m.   *oil*

aceituna f.   *olive*

agua f.   *water*

aguacate m.   *avocado*

ajo m.   *garlic*

albaricoque m.   *apricot*

alcachofa m.   *artichoke*

almeja f.   *clam*

almendra f.   *almond*

anchoa f.   *anchovy*

apio m.   *celery*

arroz m.   *rice*

atún m.   *tuna*

azúcar m.   *sugar*

bacalao m.   *cod*

berenjena f.   *eggplant*

biftec, bistec m.   *beefsteak*

bocadillo m.   *sandwich*

café m.   *coffee*

calabaza f.   *pumpkin, squash*

calamares m. pl.   *squid*

caldo m.   *broth*

camarones m. pl.   *shrimp*

cangrejo m.   *crab*

carne f.   *meat*

carne de vaca f.   *beef*

carnero m.   *mutton*

castaña f.   *chestnut*

cebolla f.   *onion*

cerdo m.   *pork*

cereza f.   *cherry*

cerveza f.   *beer*

ciruela f.   *plum*

coco m.   *coconut*

col f.   *cabbage*

coliflor m.   *cauliflower*

conejo m.   *rabbit*

cordero m.   *lamb*

crema f.   *cream*

champaña f.   *champagne*

champiñón m.   *mushroom*

chorizo m.   *sausage*

chuleta f.   *cutlet, chop*

churro m.   *cruller, fritter*

ensalada f.   *salad*

escalope m.   *cutlet*

espárragos m. pl.   *asparagus*

espinacas f. pl.   *spinach*

fideos m. pl.   *noodles*

filete m.   *tenderloin*

flan m.   *caramel custard*

frambuesa f.   *raspberry*

fresa f.   *strawberry*

frijoles m. pl.   *beans*

fruta f.   *fruit*

galleta f.   *cracker, cookie*

garbanzo m.   *chickpea*

gazpacho m.   *cold vegetable soup*

guisante m.   *pea*

habichuela f.   *string bean*

hamburguesa f.   *hamburger*

helado m.   *ice cream*

hígado m.   *liver*

higo m.   *fig*

hongo m.   *mushroom*

jamón m.   *ham*

judías verdes f. pl.   *string beans (Spain)*

jugo m.   *juice (Spanish America)*

langosta f.   *lobster*

leche f.   *milk*

lechuga f.   *lettuce*

legumbre f. *vegetable*
lentejas f. pl. *lentils*
limonada f. *lemonade*
lomo m. *loin*

maíz m. *corn*
mantequilla f. *butter*
manzana f. *apple*
mariscos m. pl. *shellfish*
melocotón m. *peach*
melón m. *melon*
merluza f. *hake*
mermelada f. *marmalade*
miel f. *honey*
mostaza f. *mustard*

nabo m. *turnip*
naranja f. *orange*
nata f. *whipped cream*
nuez f. *nut, walnut*

ostra f. *oyster*

paella f. *dish of rice, meat, chicken
    and shellfish*
pan m. *bread*
panecillo m. *roll*
papa f. *potato (Spanish America)*
pasa f. *raisin*
pasta f. *pasta, noodles*
pastel m. *pie*
patata f. *potato (Spain)*
pato m. *duck*
pavo m. *turkey*
pepino m. *cucumber*
pera f. *pear*
pescado m. *fish*
pimienta f. *pepper*
piña f. *pineapple*

plátano m. *banana*
pollo m. *chicken*
postre m. *dessert*
puerco m. *pork*

queso *cheese*

rábano m. *radish*
refresco m. *cold drink*

sal f. *salt*
salchicha f. *sausage*
salsa f. *sauce*
sandía f. *watermelon*
sangría f. *fruit punch with wine*
seta f. *mushroom*
sopa f. *soup*
sorbete m. *sherbet*

tarta f. *pie*
té m. *tea*
ternera f. *veal*
tocino m. *bacon*
tomate m. *tomato*
toronja f. *grapefruit*
torta f. *cake*
tortilla f. *flat bread (Mexican);
    omelet*
tostada f. *toast*
trucha f. *trout*

uva f. *grape*

verduras f. pl. *vegetables*
vinagre m. *vinegar*
vino m. *wine*

zanahoria f. *carrot*
zumo m. *juice (Spain)*

Tiendas   *Stores*

barbería f.   *barbershop*
camisería f.   *haberdashery*
carnicería f.   *butcher store*
droguería f.   *drugstore*
farmacia f.   *pharmacy*
ferretería f.   *hardware store*
joyería f.   *jewelry store*
librería f.   *bookstore*

lavandería f.   *laundry*
panadería f.   *bakery*
peluquería f.   *barbership, beauty parlor*
relojería f.   *watch store*
supermercado m.   *supermarket*
tintorería f.   *dry cleaner's*
zapatería f.   *shoe store*

Profesiones   *Professions*

abogado (-a)   *lawyer*
arquitecto (-a)   *architect*
artista m. & f.   *artist*
banquero (-a)   *banker*
barbero m.   *barber*
carpintero (-a)   *carpenter*
dentista m. & f.   *dentist*
doctor (-ora)   *doctor*

enfermero (-a)   *nurse*
ingeniero (-a)   *engineer*
médico (-a)   *doctor*
panadero (-a)   *baker*
profesor (-ora)   *teacher, professor*
sastre m.   *tailor*
secretario (-a)   *secretary*
vendedor (-ora)   *salesperson*

Animales   *Animals*

águila f.   *eagle*
caballo m.   *horse*
cabra f.   *goat*
gato m.   *cat*
león m.   *lion*
lobo m.   *wolf·*
mono m.   *monkey*
oso m.   *bear*
oveja f.   *sheep*

pájaro m.   *bird*
paloma f.   *pigeon, dove*
perro m.   *dog*
rana f.   *frog*
ratón m.   *mouse*
tigre m.   *tiger*
vaca f.   *cow*
zorro m.   *fox*

Vocabulary Tips

Many words in English and Spanish are exactly the same for both languages. Many others have only minor changes in spelling, and are easily recognized. Study the following vocabulary hints.

1. Examples of words that are written the same in both languages:

color	crisis	drama	error	general
honor	metal	probable	tropical	variable

2. Some words add a final *-e*, *-a* or *-o* to the English word:

cliente	artista	abstracto
evidente	emblema	contacto
ignorante	pianista	defecto
importante	problema	líquido
parte	programa	pretexto

3. The English ending *-ty* is usually the same as the Spanish *-tad* or *-dad*:

ciudad	curiosidad	libertad	sociedad

4. English *-y* often corresponds to Spanish *-ía*, *-ia* or *-io*:

compañía	historia	diccionario
geografía	farmacia	ordinario

5. English *-tion* equals Spanish *-ción*:

acción	administración	función

6. English *-ous* is often Spanish *-oso*:

delicioso	famoso	generoso	precioso